新时期提升我国金融扶贫绩效水平的机制与路径研究

新时期提升我国金融扶贫绩效水平的机制与路径研究

新时期 提升

我国金融扶贫

绩效水平的

机制与路径研究

基于以人民为中心的发展思想

柳晓明 著

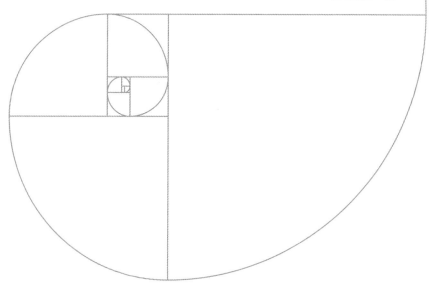

上海三联书店

前　言

　　作为世界范围内突出的经济与社会问题之一,贫困及其衍生的饥饿、疾病、社会冲突等一系列难题长期以来一直困扰着大多数国家和地区。贫困在不同国家和地区的表现形式不完全相同。其中,没有外在扶持的情况下难以维持基本生活需求是贫困人口的共性,贫困人群的生活水平也远远低于所在国家和地区的正常标准。这部分人群的生活状况直接影响一个国家和地区的收入分配公平程度以及国民整体生活水平。因此,贫困问题得到了世界各国政府和全社会的高度关注,如何有效解决贫困问题成为世界各国特别是包括中国在内的广大发展中国家所面临的重大课题。同时,消除贫困也是实现人类可持续发展的必然要求。在 2000 年召开的联合国千年首脑会议上,世界各国领导人就消除贫穷、饥饿、疾病、文盲以及遏制环境恶化等方面达成一致,并形成一套有时限的目标和指标体系。其中,消灭极端贫困和饥饿作为千年发展的首要目标被写入《联合国千年宣言》。

　　在减贫的实践过程中,世界各国为此付出了巨大的努力,也探索出许多有益的行之有效的扶贫模式。学者也在扶贫领域进行了较为深入的研究,并取得丰硕成果。为表彰在减轻全球贫困研究领域作出的突出贡献以及在减轻全球贫困方面的实验性做法,阿比吉特·巴纳吉(Abhijit Banerjee)、埃斯特·迪弗洛(Esther Duflo)和迈克尔·克雷默(Michael Kremer)三位学者共同获得了 2019 年诺贝尔经济学奖。诺贝尔经济学奖官网新闻稿指出,"今年的获奖者进行的研究大大提高了对抗全球贫困的能力"。这也使得对扶贫进程的研究进一步引起世界范围内的关注。

新中国成立以来,我国一直致力于国家的经济、社会发展和人民生活福利的改善,为国际减贫事业做出了巨大贡献。作为世界上最大的发展中国家,针对贫困人口规模大、地区分布广泛、致贫原因错综复杂等难题,中国共产党带领全国人民积极开展扶贫工作,探索社会主义制度下具有中国特色的反贫困之路。改革开放40年来,中国政府和人民逐步探索出一条具有中国特色的减贫之路,推动扶贫进程不断深入,扶贫工作取得巨大成就。贫困地区基础设施和公共服务得到明显改善,贫困人口大幅减少,提前实现了联合国千年发展目标中贫困人口减半的目标,为全球减贫事业做出了重大贡献。

党的十八大以来,以习近平总书记为核心的党中央深入推进精准扶贫战略,从传统扶贫方式的"大水漫灌"转变为"精确滴灌",有效解决贫困人口模糊不清、扶贫对象定位不准、扶贫资金发放随意性较大等问题,提升扶贫工作的精准性和绩效水平。同时,把脱贫攻坚工作纳入"五位一体"总体布局和"四个全面"战略布局,并作出一系列重大部署和安排,扶贫工作成效显著。全国范围内农村贫困人口显著减少,贫困发生率持续下降,贫困地区居民生产生活条件显著改善,贫困人口的获得感显著增强。现有标准下的贫困人口从2012年底的9899万降至2018年底的1660万,贫困发生率从10.2%下降至1.7%,成为同期世界范围内减贫人口最多的国家。

在这一过程中,我国政府把加快发展作为促进减贫的根本措施,将改善贫困地区经济发展的外部环境和贫困人口生活水平作为扶贫开发的基本目标,把增强扶贫对象和贫困地区发展的内生动力作为实现脱贫致富的重要目标。同时,在人员安排、组织领导等方面充分发挥社会主义制度优势,在扶贫领域积累了丰富的具有中国特色的扶贫经验。党的十九大报告提出,坚持精准扶贫、精准脱贫,确保到2020年我国现行标准下农村贫困人口实现脱贫,贫困县全部摘帽,解决区域性整体贫困,做到脱真贫、真脱贫。届时,在中华民族几千年发展历史上首次整体消除绝对贫困现象、实现全面建成小康社会,为实现"两个一百年"奋斗目标奠定坚实的物质基础。

坚持以人民为中心的发展思想,是精准扶贫实现预期目标的重要前提。党的十八届五中全会首次明确提出坚持以人民为中心的发展思想这一重大命题。党的十九大深化了对这一命题的认识,指出"坚持以人民为中心"是新时代坚持和发展中国特色社会主义的基本方略。这是对马克思主义发展理论基本精神内核的坚持和发展,是习近平新时代中国特色社会主义思想的重要组成部分,是全面建成小康社会和实现中华民族伟大复兴的本质要求。

当前,我国已迈入全面建成小康社会的决胜阶段,扶贫工作也进入脱贫攻坚的冲关阶段。以人民为中心的发展思想准确把握了精准扶贫的精神和价值依托,阐述了精准扶贫工作中的人民获得感、人民主体性、人民共享,回答了精准扶贫的根本目的、根本动力和根本价值等方面的问题。这其中,金融扶贫作为农村扶贫开发战略体系的重要组成部分,在帮助贫困人口增强自我发展能力、实现脱贫致富等方面有着其他扶贫方式所不具备的独特优势。

金融是现代经济的核心,资金有效供给是扶贫开发的核心要素、有效手段和重要杠杆。研究表明,金融扶贫机制可通过储蓄、信贷等直接渠道和经济增长、收入分配等间接方式来实现,成为打赢脱贫攻坚战的重要支撑,在扶贫开发战略中扮演不可或缺的重要角色。在脱贫攻坚与全面建成小康社会的关键时期,进一步优化金融扶贫体系成为提升扶贫绩效水平的重要途径。金融扶贫的核心不仅在于如何让贫困人口获得有效的金融资源,更为重要的是如何增强其生产经营能力。引导和帮助贫困人口将金融资源运用到生产性活动中,真正具备自我"造血"功能,实现可持续发展。

当前,我国金融扶贫力度进一步加大,基本建立较为完整的金融扶贫体系,对促进贫困地区经济发展以及提升贫困人口收入水平等方面发挥了重要作用。金融扶贫在政府政策的引导下,充分发挥涉农金融机构和金融市场的重要作用,利用信贷、保险等金融手段为贫困人口提供其所需的金融产品和服务,为贫困地区的产业扶贫、异地扶贫、旅游扶贫等扶贫方式提供一定的要素资源。同时,创新运用信贷政策工具,引导金融资源向贫困地区倾斜,全方位、多渠道对接贫困地区金融服务需求,促进扶贫工作从"输血式"向"造血式"转变,从根本上改变贫困地区的落后状况。

金融扶贫的立足点是要确保贫困人口享受基本金融服务的权利,金融扶贫体系的建立旨在保障贫困人口能够获得公平的金融服务的权利。在尊重市场规律的前提下,保障贫困人口能够依法获得金融服务的权利,提高扶贫对象自身发展能力,农村金融市场更加活跃,农村经济得到长足发展,贫困地区与其他地区经济的差距缩小。

金融扶贫的内涵可以从广义和狭义两个层面来理解。广义上,金融扶贫指金融系统所开展的与扶贫开发相关的各种行为措施。在市场经济背景下,以当地资源为依托,在市场需求和供给之间寻找最有利的契合点,增强贫困地区自我发展的能力,从根本上转变单纯依托政府主导扶贫的"输血式"救济、"授人以鱼"式的一次性救济,从而调动全社会众多力量,整合各方资源,达到经济持续"造血"并且不断累积的效果。

狭义层面,金融扶贫主要是指通过各种金融工具的运用,满足贫困地区和扶贫对象的信贷需求,支持贫困人口脱贫致富和贫困地区经济社会发展。这些金融措施的实施有利于充分发挥金融杠杆的作用,提升贫困人口收入水平,使其自身能够尽早脱贫致富,进而实现贫困地区生产条件和生活水平的彻底改善。

就参与扶贫进程的金融工具而言,金融扶贫中的现有各类产品在解决信息与成本问题以及推进参与主体持续经营上各具优势。金融扶贫在广泛运用小额信贷等传统手段的基础上,还借助现代信息通讯技术带来的发展契机,在政府政策的支持和引导下,依靠现有农村金融体系和市场机制积极利用以移动运营商为主导的手机银行、农业供应链金融等各种金融创新工具。一方面各级政府需要加大贫困地区金融基础设施建设,完善金融服务体系,同时政府应与金融部门紧密合作,帮助其降低自然风险和市场风险,提高金融机构参与扶贫进程的积极性。

在此基础上,根据贫困人口"两不愁、三保障"实现状况、参与脱贫攻坚项目等状况,完善市场主体参与扶贫的制度化服务,构建资源共享、金融支持和信息化建设平台。通过政府引导,优化扶贫资源配置,让政策流向市场竞争能力强、带动效果好的市场主体,组织实施产业扶贫项目。金融机构根据帮扶对象的资源条件、致贫原因、贫困程度,并结合自身发展目标及市场定位,选准选好产业扶贫项目。在做好扶贫政策宣传的基础上,提升市场主体在参与产业扶贫过程中的服务协调工作,真正将贫困地区和贫困人口"需要什么""缺什么"与金融机构"有什么""能给什么"充分对接,选择最合适的产业项目和最恰当的市场主体,通过多种途径实现增收脱贫。

由于我国农村地区存在金融市场体系不完善、农户诚信意识较为薄弱等问题,只有不断完善农村金融体系,处理好扶贫各相关主体之间的关系,充分调动金融机构参与扶贫事业的自主性和积极性,建立起有序、完备、高效、可持续发展的农村金融扶贫体系,才能充分发挥金融在扶贫事业中的重要作用,进一步提升金融扶贫的绩效水平。

贫困是一个相对的、发展的概念。实现精准扶贫预期目标之后,尽管绝对贫困现象不复存在,相对贫困还将长期存在。因此扶贫脱贫需要完善运行机制,充分满足低收入群体对美好生活的向往。当前,要通过金融扶贫,不断增强贫困人口和贫困地区的内生发展能力,推动精准扶贫与乡村振兴战略的有效衔接,实现农村经济社会的可持续发展。

本书在写作过程中参考了大量国内外专家学者的而研究成果,对引用部分在参考文献中一一列出并尽量在文中予以注明。但可能会有所遗漏,敬请谅解。由于作者水平有限,书中难免存在不足之处,有待在今后的深入研究中进一步改进和提升。

目 录

第一章

绪论

一、选题背景和意义

（一）选题背景

作为民生问题的核心，贫困也是世界各国致力解决的问题。2015年召开的联合国可持续峰会上通过的《可持续发展2030议程》于2016年1月1日正式启动。该议程设定了一系列目标，涉及社会、经济和环境等可持续发展的三个层面，并呼吁世界各国为今后15年实现17项可持续发展目标而努力。这些目标充分反映了发达国家和发展中国家人民的各种需求，同时强调目标的实现不会落下任何一个人。其中，第一个目标即为在世界各地消除一切形式的贫困。具体内容包括到2030年，在全球所有人口中消除极端贫困，按各国标准界定的陷入各种形式贫困的各年龄段男女和儿童至少减半，全民社会保障制度和措施到2030年在较大程度上覆盖穷人和弱势群体等方面①。为实现这一目标，世界各国采取了多种措施开展各种形式的扶贫工作。由于各

---

① 变革我们的世界：2030年可持续发展议程［NB/OL］. 外交部网站，https://www. fmprc. gov. cn/web/ziliao _ 674904/zt _ 674979/dnzt _ 674981/qtzt/2030kcxfzyc _ 686343/t1331382. shtml。

国贫困的形成原因不同,做出的战略决策、采取的具体办法不尽相同,因此脱贫取得的效果也不尽相同。

中国幅员辽阔、人口众多,贫困现象成因复杂,贫困人口区域分布广泛,二元经济结构特征较为明显,消除贫困的任务尤为艰巨,解决贫困问题成为我国经济发展的重要目标。新中国成立后,在全国范围内进行了土地制度和其他社会层面的根本性改革,建立了社会主义制度,消除了因财产分配不公导致的大规模贫困问题[①],也为贫困问题的解决奠定了坚实的制度基础。

从 1986 年开始,我国针对贫困地区和贫困人口采取专项措施,开始有组织地进行扶贫工作。1994 年国家颁布实施《国家八七扶贫攻坚计划(1994—2000 年)》,在全国范围内推进大规模的扶贫开发工作。2006 年,我国开展贫困村互助资金试点、扶贫贷款财政贴息,调动地方政府和金融机构的扶贫开发积极性。2013 年,习近平总书记在湘西考察时首次提出精准扶贫概念,指出"扶贫要实事求是,因地制宜。要精准扶贫,切记喊口号,也不要定好高骛远的目标"[②]。这一重要论述深刻揭示了新时期扶贫开发工作的基本规律和呈现出的新特征,进一步明确新形势下脱贫攻坚的目标和具体任务。在精准扶贫理论指导下,我国扶贫工作从粗放走向精准,实施的具体措施更加有效,新时期的扶贫工作取得了巨大成就。

1978 年,我国贫困标准为人均年纯收入 100 元,根据当年人民币对美元的平均汇率,折合成美元约为 0.1662 美元/人日。这一标准下当年的贫困人口为 2.5 亿人,贫困发生率高达 30.7%[③]。到 2017 年,贫困线的当年价已提高到约 2928 元(2010 年不变价为 2300 元),贫困人口减少到 3046 万人,贫困发生率降低到 3.1%。2018 年底,现有标

---

① 汪三贵.在发展中战胜贫困—对中国 30 年大规模减贫经验的总结与评价[J].管理世界,2008(11):78—88

② 习近平赴湘西调研扶贫攻坚[EB/OL].新华网,http://news.xinhuanet.com/politics/2013-11/03/c_117984236.htm.

③ 何秀荣.改革 40 年的农村反贫困认识与后脱贫战略前瞻[J].农村经济,2018(11):1—8

准下农村贫困人口进一步下降至 1660 万人,贫困发生率降为 1.7%。2019 年年末农村贫困人口已经降至 551 万人,同比减少 1109 万人,贫困发生率为 0.6%。[①] 若按当年价现行农村贫困标准来衡量 1978 年农村居民贫困状况,1978 年的贫困发生率为 97.5%,贫困人口规模 7.7 亿。这意味着改革开放四十年间,中国已有 7 亿多人顺利减贫。

表 1.1 2012 年以来我国贫困人口变动情况[②]

年份	年底贫困人口数(万人)	当年贫困人口减少数(万人)	贫困发生率(%)
2012	9899	2339	10.2
2013	8249	1650	8.5
2014	7017	1232	7.2
2015	5575	1442	5.7
2016	4335	1240	4.5
2017	3046	1289	3.1
2018	1660	1386	1.7

随着脱贫攻坚进程的不断深入,目前尚未脱贫的人口大多集中在深度贫困地区,脱贫任务更加艰巨,扶贫工作需要进一步优化现有模式。《中共中央、国务院关于打赢脱贫攻坚战的决定》(下文简称为《决定》)提出,打赢脱贫攻坚战的总体目标是,到 2020 年,稳定实现农村贫困人口不愁吃、不愁穿,义务教育、基本医疗和住房安全有保障[③]。实现贫困地区农民人均可支配收入增长幅度高于全国平均水平,基本公共服务主要领域的指标接近全国平均水平。党的十八大确定 2020 年全面建成小康社会的目标。全面建成小康社会,最艰巨最繁重的任务

① 数据来源:根据 2018 年、2019 年全国国民经济和社会发展统计公报整理
② 数据来源:根据国家扶贫办网站相关数据整理
③ 中共中央、国务院关于打赢脱贫攻坚战的决定[EB/OL]. 新华网, http://www.xinhuanet.com/politics/2015-12/07/c_1117383987.htm

在农村,特别是在贫困地区。农村贫困人口脱贫是全面建成小康社会的重要指标之一。没有贫困地区的小康,全面建成小康社会的目标就难以实现。

资金短缺一直是制约贫困人口生存和发展的重要因素,我国专项扶贫明确提出要积极推进金融扶贫。近几年,我国金融扶贫向多元化、规模化发展。最初是以小额信贷作为主要方式,主要参与金融机构为由政府指定的银行或者农村信用社。随着扶贫进程的深入推进,基金公司、担保公司、证券公司等金融机构纷纷参与扶贫进程,各金融机构根据自身优势设计各具特色的金融产品。同时,随着互联网、大数据等信息技术的应用,金融扶贫的运行方式也实现不同程度的创新。

以人民为中心的发展思想注重人与自然的和谐发展,实现从强调经济的发展到强调人的发展的思维转换。及时回应人民的期待,让群众获得实实在在的利益,实现好、维护好、发展好最广大人民特别是贫困人口的根本利益,是党和政府一切工作的出发点和落脚点。在发展进程中,践行以人民为中心的发展思想,以满足人民发展需求为出发点,在实现经济增长的同时不断促进社会公平正义和人与自然的和谐发展。在精准扶贫过程中,需要坚持以人民为中心的发展思想,在扶贫目标上坚持一切为了人民特别是贫困人口,在扶贫主体上坚持一切依靠人民,在扶贫方式上需要坚持一切从解决现有问题出发,在扶贫成效上充分考虑扶贫对象的获得感。

当前,我国经济运行进入由高速增长向高质量发展的新时期,金融扶贫正面临着新的机遇与挑战。《决定》提出,"牢固树立并切实贯彻创新、协调、绿色、开放、共享的发展理念,充分发挥政治优势和制度优势,把精准扶贫、精准脱贫作为基本方略,坚持扶贫开发与经济社会发展相互促进",这对农村金融扶贫的深入推进提出新的更高要求。在此背景下,需要从全面建成小康社会这一战略大局出发,深刻理解如期实现精准扶贫预期目标的重要意义,充分发挥金融在精准扶贫中的积极作用,鼓励和引导各类金融机构加大对扶贫开发的金融支持。

在我国扶贫工作进入脱贫攻坚的关键时期,要紧紧围绕新时期扶贫工作的目标与任务,瞄准深度贫困,聚焦短板弱项,实施精准攻坚,切实解决"两不愁三保障"实施过程中出现的突出问题。针对当前金融扶贫领域存在的不足之处,完善和优化金融扶贫的运行机制,确保扶贫过程的公开与透明及扶贫政策的有效与精准,最大限度缩小金融扶贫实际成效与政策预期之间的差距,进一步提升金融扶贫的绩效水平。

(二) 研究意义

消除贫困、改善民生、逐步实现共同富裕,是社会主义的本质要求。我国制定的现行标准下农村贫困人口实现脱贫、贫困县全部摘帽等目标都体现了党和国家追求的富裕是全体人民的共同富裕。贫困人口多是因为自身资源禀赋欠缺或在经济发展过程中资源配置不均而出现。贫困地区产业发展面临着自然环境恶劣、生产效率不高以及产品销路难等问题,这是市场失灵的结果。

另一方面,贫困人口受教育水平较低,缺乏可抵押资产以及风险管理的手段和能力。这种金融弱质性的存在,导致金融机构在为其提供金融服务时面临信息不对称、交易成本过高、不可持续等突出问题,贫困人口因此难以避免会面临金融服务排斥现象,难以达到享受服务所需要的标准。因此,探寻合适的金融扶贫运行机制和方式,为贫困人口提供信贷产品和其他金融服务尤为重要,本课题的研究具有重要的理论价值和实践意义。

1. 有利于进一步丰富扶贫理论体系

贫困问题处于动态变化之中,无论是开发式扶贫还是造血式扶贫,从本质上讲都是要推动城乡之间发展要素的自由流动。当前,我国扶贫重点已经从通过外部"输血型支援"转变为增强贫困人口自身能力的"造血型发展"。扶贫过程中注重以经济为支撑全面带动贫困地区和贫困人口的内部发展与自我疏导,从而逐渐摆脱扶贫对象生产经营活动与贫困地区经济发展对于外部的救济性依赖。在总结实践的基础上提炼新的经验,分析各种金融扶贫模式的得失利弊,对农村金融发展及其贫困减缓的作用机制进行较为系统和全面的理论分析,有利于拓展贫困减缓理论与金融发展理论的研究领域,丰富现有精准扶贫理论体系,并为我国农村金融发展的农村发展实践提供重要的理论支撑。

2. 为进一步优化扶贫方式提供借鉴和参考

金融作为缓解收入贫困和能力贫困的有效手段,除注入必要的信贷资金之外,更多的应是如何使贫困人口受益于信贷资金及金融服务,进一步提高综合素质和发展能力,在生产活动中寻找可持续脱贫的有效手段和方法。此外,通过创新把金融扶贫和产业扶贫有机结合起来,在提高精准扶贫指向性、扶贫资金有效性的同时,撬动更多的市场资金进入贫困地区为产业发展注入强大的动力,最终完成贫困地区和贫困人口扶贫攻坚的目标与任务。在此基础上,整合并充分利用本地区资源优势,全力打造出经济规模化、科技化、产业化的发展模式。

此外,涉农中小企业与新型农业经营主体是推进贫困地区产业扶贫与精准扶贫的主力军,而这些地区的中小企业发展水平滞后,融资难的现象更加突出。通过金融创新破解贫困地区产业发展的要素瓶颈,实现政府主导型扶贫与以商业性金融机构为主体的市场扶贫机制的良性互动,切实解决贫困地区扶贫资金匮乏的困境,提高政府扶贫资金投向的精准度和有效性,对促进贫困地区的经济持续发展有着十分重要的实践意义。

3. 有利于探讨新时期金融机构服务乡村振兴战略的具体方式

完善社会主义市场经济体制、深化金融体制改革以及全面解决"三农"问题是当前我国经济发展的三个主要任务目标。2020 年后,随着绝对贫困人口的消除,贫困人口生存问题和贫困地区生产经营的基础环境将得到根本改善,此后的主要任务是解决相对贫困问题,大力推进乡村振兴战略,促进城乡一体化发展。因此,探讨金融发展与贫困减缓之间的相关性,优化金融扶贫的运行机制,不仅可以为金融减贫政策的制定提供重要的理论支持,有助于有效发挥金融发展的减贫效应,同时也有利于金融体制改革的进一步深化,真正使全体居民都能够分享到金融发展的成果。对促进贫困地区经济发展,实现精准扶贫与乡村振兴战略的有效衔接,具有十分重要的现实意义。

二、研究现状及评述

（一）金融扶贫研究现状

1. 国外文献综述

现代金融理论表明,金融发展能够有效促进经济增长。经济增长可以产生涓滴效应,即经济增长的收益会自动从高收入阶层向低收入阶层渗透,从而有利于减缓贫困(Dollar & Kraay,2002)。纵观国际扶贫发展历程,金融扶贫历经非盈利到微盈利,从利率过高到回归扶贫本源的过程,在实践中经历公益、救济、商业、商业性和社会性并行等演化过程。针对这一历程,国外学者主要从以下几个方面对金融减贫效应进行了较为深入的分析:

一是在理论和实证上支持金融发展有利于贫困减缓的观点,证明金融发展确实存在减贫效应。研究表明,金融发展可以消除贫困人口的信贷约束,大幅度减缓贫困,金融深化可以显著降低收入不平等。Baneijee & New rnan(1993)利用制度转化模型证明,金融服务渠道的欠缺是导致持续性收入不平等及贫困陷阱的重要原因,因此拓展融资渠道是消除贫困的重要途径。Waller & Woodworth(2001)验证了这一观点,并提出优化金融资源配置是减少贫困和赋予穷人发展权力最有力的工具之一。Honohan(2004)的研究结论表明,金融发展可以促进区域经济的增长并减少贫困的发生。James C. & M. Woller(2004)认为贫困人口一般均游离于金融体系之外,在欠发达地区尤为明显。因此金融发展可以通过提供多样化的金融服务以满足贫困人口的需求,进而不断改善贫困人口的福利状况。

Burgess & Pande(2004)运用印度1977—1990年农村基层农业信贷协会的数据,检验贫困人口直接参与金融活动对农村贫困的影响。结果显示,农村基层银行机构数量每增加1%,农村贫困发生率将降低0.34%,农村金融业的变革和发展明显带来了产出的增加和贫困的降低。Michael & Barr(2005)分析金融服务缓减贫困的直接作用途径，认为金融服务能够直接增加贫困人口持续获得资金的机会和途径。同时，贫困人口依托金融中介将储蓄转化为投资，带来显著的减贫效果，间接增加和改善了贫困人口合法提升收入水平的机会和能力，从而有利于推进贫困缓减进程。

Jalilian & Kirkpatrick(2005)基于全球 20 个不发达国家的空间面板数据，分析经济增长、金融发展与贫困之间的经济作用关系。研究发现，金融发展与经济增长都与贫困之间呈现出反向的阻碍和抵制作用，证实了金融发展与经济增长对于贫困所产生的减缓效果。

Naceur S & Zhang(2016)运用 143 个国家 1961 年至 2011 年的金融数据，从效率、稳定性以及自由化等指标入手，建立计量模型进行实证分析，结论是金融深化能够有效促进地区经济的增长，通过减少收入分配的不平等进而减少贫困的发生率。

二是金融发展的分配效应有助于推动贫困缓减进程。Alkire & Foster(2007)的研究表明，金融发展对于贫困的减缓效应除了表现为经济增长外，收入分配效应的减缓效果也非常直接和有效。金融发展可以缩小不同个体之间的收入差距，从而实现贫困的有效减缓。Selim & Kevin(2009)的研究结果表明，金融发展的深入会促进不同群体之间的收入分配更加均衡化，从而在一定范围内减小初始分配水平对于贫困程度的制约，利用收入差距的缩小来实现贫困的有效减缓。

Tsai(2011)探讨了金融发展信贷规模与贫困程度之间的相关性影响。结果表明，信贷规模的增长尽管对贫困的深度作用效应并不显著，但能够在贫困的广度方面起到显著的减缓效果。Honohan(2014)的研究表明，金融发展能够有效改善贫困地区的收入分配状况，从而实现贫困在一定程度上的减缓。

三是金融发挥减贫效应需要具备一定条件。金融运行与贫困减缓之间存在多元主体差异，使得金融扶贫机制也相对复杂，减贫效果存在一定的差异性。调研结果显示，一些贫困农户即使拥有能盈利的投资机会也难以从正规金融机构筹集到资金，农村信贷配给不足的刚性约束已成为常态(Ghosh et al.,2001)。如果金融服务仅仅针对富人而限制穷人,那么金融服务对贫困缓减几乎没有实质性作用(Ranjan & Zingales,2003)。金融市场的不完善可能不利于甚至妨碍穷人顺利获得信贷资金,进而阻碍投资所带来的未来收入。加上信息不对称和高昂的交易成本,使得政府主导的惠农贷款往往被乡村精英获得(Jia et al.,2010)。基于可行能力理论,Darlan & Appel(2014)提出金融扶贫效果不好、信贷资源嫌贫爱富的主要原因是由于经济机会的不平等,结果导致贫困人口的信贷需求不足。

Akhter等(2010)指出,由于金融发展经常与金融不稳定相伴随,而金融不稳定所带来的福利损失是非对称的,即与富裕人口相比,贫困人口在面临金融不稳定冲击时可能会遭受更大的福利损失。因此,金融发展是否直接惠及贫困人口从根本上来说是一个经验研究问题。Francois Bourguignon(2013)研究发现,金融发展对于贫困的减缓效应还受到地区金融市场环境、外部政策以及其他因素的影响与制约。利用Ramsey-Cass-Koopman模型作为理论框架,Ranjbar & Rassekh(2017)分析后得出结论,低收入水平地区需要更为重视金融部门发展,应当把金融发展与教育和基础设施投资建设放在同等重要的位置上。

四是关于小额信贷作为金融工具在金融扶贫过程中的运用。国外许多学者认为提高贫困群体收入、改善其生活环境的金融手段主要是小额信贷。孟加拉乡村银行取得良好效果之后,关于小额信贷减贫效果的研究得到了广泛关注。Khan & Sulaiman(2015)通过对巴基斯坦小额信贷机构的经验数据进行研究发现,以小额信贷为代表的普惠金融作为摆脱贫困的重要工具并不是对所有贫困人群都有作用。信贷支出对极端贫困的人群并没有什么积极影响,对于这些极端贫困的人群来说,提供就业机会和社会保障更加合适。

2. 国内研究现状

研究表明,由于信贷成本高、信息不对称、生产经营风险大等原因,正规金融机构对农村地区提供金融服务的积极性整体偏低,贫困地区的金融排斥问题尤为突出(申云,2016),从而导致信贷成本高、风险管控难度大,甚至造成贫困地区农户长期陷入金融贫困恶性循环的怪圈中(张自强等,2017)。因此,如何在精准扶贫进程中运用各类金融政策与具体手段,彻底打通我国扶贫开发的"最后一公里",成为国内学者关注的热点。随着我国扶贫开发体系的完善和减贫事业取得巨大进展,关于金融扶贫理论进展与实践历程的研究也不断深化。

陈志超(1986)详细分析上海市崇明县2016年改为崇明区,农业银行在金融扶贫方面的主要成效,这是国内较早针对金融扶贫领域进行分析的文献。自此,国内学者开始围绕我国金融扶贫进程进行分析与研究。朱玲(1995)对于我国早期金融扶贫模式的研究表明,金融扶贫在实践中出现扶贫资金瞄准不到位的情况,即信贷扶贫资金投入后受益者并不是最穷的农户,更多的是贫困地区地方政府、非贫困人口或者其他利益相关者。因此,她提出金融扶贫制度需要在组织机制上进行完善,对瞄准机制进行更准确的判断。张立军和湛泳(2006)分别采用时间序列数据和截面数据,对小额信贷与贫困缓减的关系进行实证分析,结果表明小额信贷将促进农民家庭经营收入增加,因而具有显著的降低贫困效果。彭建刚和李关政(2006)认为,优化农村金融结构,大力发展地方中小金融机构,将有利于中国城乡二元经济结构的转变,进而促进农民收入水平提高并推动贫困缓减进程。

杨俊等(2008)采用1980—2005年的时间序列数据检验了农村正规金融发展与贫困减缓的相关性。结果表明,农村正规金融发展在短期内有利于农村贫困减缓,但效果不明显。黄承伟(2016)通过对比财政扶贫模式和金融扶贫模式,认为与财政扶贫资金的无偿性相比,金融扶贫需要将所投入的扶贫资金进行市场化运作。因此,需要充分发挥两者优势,借助财政扶贫的杠杆导向进行前期引导,之后通过发展与推广金融扶贫,形成由政策性金融、商业性金融、合作金融、新型金融组织和农业保险等共同组成的多元化的金融扶贫结构体系,从而可以更好助推扶贫进程。

另一方面,部分学者对金融发展是否能够助推扶贫进程提出不同的观点。杨丽萍(2005)基于农村金融贫困理论视角,认为极度匮乏并始终处于被剥夺状态的农村正规金融资源,无益于农村市场经济体制变革、发展和产业结构调整,因而对农村贫困缓减并没有发挥太大作用。米运生(2009)研究了金融自由化对农村相对贫困的影响机制,认为银行从农村地区大规模收缩经营网点的做法显著减少农民金融机会和金融服务的可获性,使得农民分享经济增长和金融发展正外部性的难度提高,进而导致农民相对贫困程度增加。伍艳(2012)通过对2001年至2010年中国农村金融数据进行分析,认为农村金融发展与贫困率呈负相关。分析结果表明,随着农村金融发展水平每升高一个百分点,贫困发生率就会随之下降 1.58%,促进农民收入水平的提高,但是各地区贫困差距不断加大。

贫困人口对生产、生活等的资金投入较少且大多还处于小农经济状态(马晓青等,2012),导致贫困人口对信贷的有效需求不足,这也是制约金融扶贫的重要因素。周孟亮、彭雅婷(2015)认为要构建完善的金融扶贫体系,应充分发挥大型商业性金融的资金优势、微型金融的信贷机制优势、合作性金融的互助优势和政策性金融的开发性及金融优势,提升金融扶贫工作的成效。一些学者提出,小额信贷只有在与更多的途径相结合并瞄准贫困群体有效运行时,才能成为反贫困的有力工具(如杜晓山等,2011;何剑伟,2012)。

程恩江和刘西川(2010)认为与其他金融机构相比,小额信贷机构更接近借款人的社会网络,并在甄别、监督客户以及实施合约的过程中更能发挥这种优势。因此,小额信贷将服务对象从富裕农户扩展到一般收入水平人群甚至贫困人口,能够有效缓解中低收入农户所面临的正规信贷配给特别是数量配给和交易成本配给问题,对贫困缓减产生积极效应。

王有美、马继洲(2016)以工匠精神为视角进行研究,认为金融精准扶贫机制中包含着工匠精神的精髓,要借鉴工匠精神提高金融精准扶贫效率。张晓萍(2017)通过对贫困地区供需结构性矛盾这一问题进行分析,提出需要把供给侧结构性改革作为金融扶贫的着力点,重新界定政府角色,多举措完善金融扶贫体系,从而提高信贷扶贫资金有效供给。霍家旭(2018)提出,应逐步推动金融扶贫贷款申请流程的简化、强化金融扶贫主体协调性、提升金融扶贫资金使用效率、推动农村资金回流。此外,建立结构合理、功能健全、运行高效的农村扶贫金融制度,不仅能够规范金融扶贫的责任、义务和方向,而且能够在实现金融公平的基础上增进提升金融扶贫效率,有利于形成金融扶贫的长效机制(李伶俐等,2018)。

新时期信息技术如何在金融扶贫领域应用也是近年来学者们关注的重点内容。特别是大数据、区块链等新兴技术和理念,如何在金融扶贫领域扮演更为重要的角色,引起学者们的广泛关注。储望煜(2017)认为区块链和大数据的结合为构建金融大数据系统提供了条件,透明性和信息的不可篡改性增强金融安全性,降低管理成本,提高扶贫效率。胥爱欢、李红燕(2017)基于区块链技术有助于构建多方共赢的金融精准扶贫框架,提出了搭建"区块链 + 精准扶贫"的创新机制和平台。柳晓明、贾敬全(2018)认为,区块链技术的应用推动了金融产品和金融服务的创新,将改变传统金融行业的运行规则及金融业态,有利于从技术层面完善交易流程与交易准则,实现金融要素供给与扶贫对象需求的有效衔接。毕洁颖(2018)提出,我国应该推广数字金融服务,满足农户多元化金融需求,同时创新信贷担保方式,增加农户抵押资产性收益。

(二) 关于以人民为中心的发展理想的研究现状

以人民为中心的发展思想是习近平新时代中国特色社会主义理论的重要组成部分,开拓了马克思主义发展的新境界。这一发展思想一经提出就成为国内学界关注和研究的一个热点话题。学者一致认为以人民为中心的发展思想是新时期对马克思主义发展理念的继承和发展,具有重大的理论创新意义。学者围绕以人民为中心的发展思想的形成背景、主要内容、现实意义、实现方式等展开了较为深入的研究。

1. 以人民为中心的发展思想的理论渊源与实践价值

以人民为中心的发展思想深刻彰显了马克思主义人民群众史观,其理论主要来源于两个方面:一是将人民群众作为推动发展的根本力量的唯物史观,二是实现共同富裕这一中国特色社会主义的根本原则和本质特征(蔡昉,2016)。中国特色社会主义建设和发展的过程,也是如何践行和推进以人民为中心的发展思想的过程。对马克思主义唯物史观的继承与发展是以人民为中心的发展思想生成的理论逻辑,对中国共产党人民利益至上观念的诠释与坚守是其生成的现实逻辑(韩喜平,2016)。

以人民为中心的发展思想以马克思主义人民主体地位的思想作为理论基础,在基本立场上坚持唯物主义历史观,充分肯定人民群众的主体地位,体现社会主义发展的根本目的和动力源泉,标志着党对三大规律的认识和运用达到一个前所未有的新境界(王青、李先伦,2017)。发展为了人民、发展依靠人民、发展成果由人民共享的论断分别从根本立场、方法论、检验论的角度阐释了以人民为中心的发展思想的深刻内涵(付海莲、邱耕田,2018)。

基于本体论、认识论、实践论等角度对以人民为中心的发展思想的价值意蕴进行分析后,聂雨晴(2018)提出这一思想有助于"两个一百年"奋斗目标的推进和中华民族伟大复兴及人民对美好生活向往的实现。以人民为中心的发展思想的形成和完善是新时代中国共产党理论创新的标志性成果,集中体现了其立党执政的马克思主义理论根基和全心全意为人民服务的实践指向,为准确解答新时期全面深化改革因何改、为谁改、靠谁改、如何改、怎样评等系列问题提供了基本遵循(王高贺,2019)。

2. 围绕以人民为中心的发展思想与新发展理念之间的关系进行深入探讨

坚持以人民为中心的发展思想是新一届领导集体治国理政的鲜明特色,是创新、协调、绿色、开放、共享等五大发展理念的价值导引与重要遵循。王明生(2016)提出,五大发展理念是坚持以人民为中心的发展思想的具体路径,体现出鲜明的人民利益诉求和民生导向。王政武(2017)认为,我国传统经济发展方式遵循的是资本控制、支配劳动的逻辑,劳动异化和人的发展异化是必然结果,经济发展也必然会走向与人的发展的对立。因此,坚持以人民为中心的发展思想,需要实现劳动主体性复归,注重劳动过程的创造性和劳动结果的公平性等多重统一。徐龙建(2017)强调"经济上兴民、政治上重民、社会上惠民、文化上安民、生态上利民"构成了以人民为中心的发展思想内容的五个方面。以人民为中心的发展思想是新发展理念的基本前提,是新发展理念的有效依托,更是新发展理念的最终归宿,以价值规约与理念塑造引领新发展理念。新发展理念的发展实践为人民群众对美好生活的向往提供基础与支撑(蒋玲、赵汇,2019)。坚持以人民为中心的发展思想是新发展理念根本的价值追求,五大理念分别从动力、结构、生态、关系、目标五个维度彰显新发展理念以人民为中心的价值自觉和自信(曾正滋,2019)。

3. 关于以人民为中心的发展思想与精准扶贫之间关系的探讨

以人民为中心的思想深刻体现了中国共产党以人民利益至上、全心全意为人民服务的根本价值追求。深入推进精准扶贫工作的开展,是以人民为中心的发展思想的重要体现。一些学者围绕以人民为中心的发展思想与精准扶贫之间的关系进行了较为深入的分析。由于贫困问题严重影响低收入群众的生活质量和获得感,陈莉(2017)认为精准扶贫体现了以人民为中心的经济发展路径,要切实成为真正保障贫困地区人民群众享受发展成果的科学机制。何艳玲、李志军(2017)从核心引领、顶层设计、主体参与三个方面就在实践中如何落实以人民为中心的发展思想提出了具体举措,包括加强改善党的领导、变革发展战略与理念、凝聚广大人民群众无穷智慧与力量等方面。以人民为中心的发展思想准确把握了精准扶贫的精神和价值依托,阐述了精准扶贫工作中的人民获得感、人民主体性、人民共享(尚雪英,2018)。

精准扶贫的出发点是为了维护最广大人民的根本利益,是为了让包括贫困人口在内的全体人民共享改革发展成果,集中体现了以人民为中心的发展思想,是以人民为中心的发展思想的生动实践(陈安娜,2018)。精准扶贫、精准脱贫,是以人民为中心的发展思想最深刻、最集中、最生动的体现和阐释,充分展现习近平总书记真挚的为民情怀、务实的思想作风和科学的思想方法(曹立,2018)。贫困者主体地位被政府错代、扶贫精准度不高、外在"输血"扶贫与内生脱贫能力失衡问题突出等扶贫过程中出现的主要问题,主要原因在于人民主体性的缺失。因此,精准脱贫机制的优化需要坚持以人民为中心的发展思想,构建以人民为主体的精准扶贫多元共建模式(张立伟、王政武,2019)。

(三)文献评述

金融扶贫是农村扶贫开发战略体系的重要组成部分。国内外学者的研究对于金融发展与农村贫困减缓经济关系的解释研究主要集中在金融扶贫的难点、路径和模式上,理论和实践层面的分析均表明金融发展与贫困减缓之间的关系存在一定的不确定性,金融发展能否推动扶贫进程需要一定的条件。因此,相关研究还有进一步深入的空间,需要基于一个更为全面和具体的研究视角,以国内外金融扶贫的发展历程和主要经验作为实践基础,重点分析金融发展对农村多维贫困的影响机理、影响效应及其特征,为深入认识中国金融扶贫进程提供可靠的参考依据和现实解释。

坚持以人民为中心的发展思想深入推动精准扶贫工作,因此需要从理论与实践双重层面深化对其规律性的认识。2020年我国人口全部进入小康社会,绝对贫困消除,绝对贫困人口和贫困县将不复存在,但相对贫困问题逐渐凸显并长期存在,成为我国面临贫困问题的主要特点。现行的基于消除绝对贫困的贫困治理体系将发生转变,扶贫工作将转向解决相对贫困问题。为此,应面向未来研究扶贫工作的发展趋势、贫困人口的可持续发展,实现精准扶贫与乡村振兴战略的有效衔接,这也是在扶贫过程中坚持以人民为中心的发展思想的重要体现。

此外,扶贫开发工作将转向区域经济可持续发展,需要进一步分析相对贫困的主要特征、演进特点及应对措施,系统总结发达国家处理相对贫困问题的有效经验,建立解决相对贫困问题的可持续性体制机制等有关问题将会成为未来一段时间的研究重点。

三、研究思路与分析方法

（一）研究思路

本研究以问题为导向，按照"提出问题→分析问题→解决问题"这一思路，从全局性、动态性及长期性视角出发，全面系统分析金融扶贫现状、扶贫实践中存在的问题与主要原因。在对国内外关于农村金融发展的减贫效应的相关理论成果进行梳理和分析的基础上，就我国农村金融发展的减贫效应及理论基础进行分析和阐述，从农村金融发展减贫的直接作用机制和间接作用机制两个方面就金融发展对贫困减缓的机理进行分析，并探讨我国金融扶贫演变历程和发展现状以及存在的主要不足之处。在此基础上，结合以人民为中心的发展思想，对影响金融扶贫绩效水平的主要因素进行分析，根据国内金融扶贫主要实践与基本经验，提出新时期优化金融扶贫体系的对策建议，结合我国农村经济与社会发展实际探讨进一步优化金融扶贫方式的路径安排。

总体分析框架图如下所示（见下页）：

（二）主要研究方法

本文在分析过程中，将定量分析与定性分析相结合、历史分析与比较分析等分析方法有机结合，基于以人民为中心的发展思想，对新时期金融扶贫问题进行系统性研究，主要采用文献研究法、案例分析与对比法等研究方法。

一是文献研究法。从图书馆、网络等搜集、整理相关的经典与前沿文献资料，透过现有研究成果作为学术分析的依据支撑，增强文章的理论性。通过界定金融扶贫、金融扶贫模式与效果等内容，梳理金融扶贫过程中涉及的相关理论。

二是案例分析法。分析比较国内外金融扶贫的典型案例和主要经验，将各种金融扶贫模式的特征进行比较，梳理不同金融扶贫模式演化

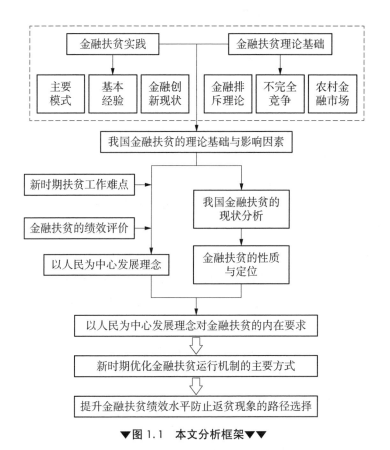

▼图1.1　本文分析框架▼▼

历程的内在逻辑,总结不同模式下的优缺点,并归纳出可供新时期提升我国金融扶贫绩效水平的借鉴之处。

三是实证分析与规范分析相结合。对金融扶贫发展历程及成效等进行客观描述,对金融扶贫绩效进行定量分析,在此基础上对如何实现金融扶贫与其他扶贫方式的良性互动、进一步优化金融扶贫的路径选择等方面进行探讨和分析。

四、主要内容

本文基于以人民为中心的发展思想这一视角,围绕我国金融扶贫发展现状、存在的不足及提升方式进行分析，探讨新时期提升金融扶贫绩效水平的运行机制与路径安排，主要从以下几个部分进行研究：

第一章绪阐述研究背景及研究意义、研究现状、研究思路及方法、研究内容及框架，研究成果可能的创新之处与不足。

第二章在界定金融扶贫的概念的基础上阐述金融扶贫的理论基础、作用机制以及主要的实践模式。对金融排斥理论、普惠金融理论、不完全竞争市场理论等相关理论进行较为系统的阐述，构成本文分析的理论基础。同时，从直接机制和间接机制两个方面分析金融作用于扶贫的运行方式。在此基础上，对比分析目前世界范围内金融扶贫的主要模式及对我国扶贫实践的启示。

第三章对我国改革开放以来金融扶贫的演化历程进行分析，包括基本方式、金融工具运用、主要特点以及采取的主要措施。在此基础上，分析目前我国金融扶贫领域仍然存在的主要不足之处。

第四章就坚持以人民为中心的发展思想对金融扶贫的内在要求进行分析。结合对坚持以人民为中心的发展思想主要内涵的探讨，分析以人民为中心的发展思想与金融扶贫两者之间的内在一致性。在此基础上，从准确把握金融扶贫的精神实质和价值依托、针对贫困人口的差异性需求提供精准的金融服务等方面探讨坚持以人民为中心发展理念对金融扶贫实践的基本要求。

第五章围绕如何创新金融扶贫机制、有效防范返贫现象进行分析。从坚持市场化和政策扶持相结合、健全金融扶贫的激励机制、完善金融扶贫的协调与合作机制、运用现代信息技术优化监管机制、优化返贫预警和处置机制等方面入手分析金融扶贫运行机制创新的主要途径。

第六章围绕如何实现金融扶贫与其他扶贫方式的良性互动、提升金融扶贫成效层面展开论述，重点分析如何构建金融扶贫与产业扶贫、教育扶贫、旅游扶贫、电子商务扶贫等扶贫之间良性互动的运行机制，推动金融扶贫过程中资金链与创新链、产业链的有效耦合，在精准扶贫过程中实现金融要素的优化配置。

第七章从加强金融扶贫的制度建设、增强贫困人口的金融知识水平与信用意识、进一步提升普惠金融的减贫效应、加强人力资源队伍建设、推动绿色金融扶贫等方面入手,就新时期如何优化金融扶贫方式提出具体的政策建议,并就实现扶贫与乡村振兴战略有效衔接的具体路径进行分析。

第八章以安徽省为例,对经济新常态下具体地区金融发展现状及需要改进的地方进行探讨,在此基础上分析如何因地制宜,结合区域现状制定具体的金融扶贫政策,提升扶贫工作的绩效水平。

五、创新与不足

(一) 可能的创新之处

金融扶贫是精准扶贫体系中的重要组成部分,在脱贫攻坚过程中扮演着重要角色。本文可能的创新之处主要体现在两个方面:

一是研究视角创新。克服传统理论的路径依赖,基于以人民为中心的发展思想这一视角,探讨新时期金融扶贫模式创新和路径优化的具体安排,以期系统、全面构建基于金融扶贫的模式体系整体框架,具有一定的理论性和探索性。

二是研究内容的创新性,结合金融扶贫发展历程与现状,基于增强扶贫对象可持续发展能力为目标,探讨新时期金融扶贫与乡村振兴有效衔接的可行方式。如何增强金融资源的吸引力,形成长效互动机制,在实现扶贫目标的基础上推动乡村振兴战略的顺利实施,这既是当前关于扶贫研究的热点内容,也是本文研究的重点。

(二) 不足之处

由于主观和客观的一些原因,本文存在以下不足:

一是尽管结合影响因素的分析对金融扶贫绩效评价的指标体系进行完善,但囿于数据的可得性,没有进行实证分析,有待在今后的研究中加以解决。

　　二是由于笔者的知识有限,世界范围的金融扶贫合作没有深入展开分析,特别是在如何在国际合作过程中有效缓解人类贫困问题等方面,有待进一步研究。

第二章

金融扶贫的理论基础与国外主要实践

金融排斥理论、普惠金融理论、农村金融市场理论与不完全市场理论、多维贫困理论以及共同富裕理论等理论的形成和发展，为金融扶贫实践提供了有力的理论支撑。金融扶贫实践中，世界范围内逐渐形成了一些行之有效的运行模式。其中，穆罕默德·尤努斯于1976年创办的孟加拉格莱珉银行最具代表性。该模式通过采取相关措施，致力于服务贫困人口和低收入群体，结合贫困人口实际状况不断创新信贷制度和金融产品，力求满足不同金融需求的贫困群体，并取得了良好成效，在世界范围内产生较大影响。国外金融扶贫的实践历程表明，金融扶贫既要充分发挥好政府的引导作用和监管职能，也需要利用市场机制进行扶贫资源的高效配置。这些均对我国金融扶贫实践具有一定的借鉴意义和参考价值。

一、金融扶贫的理论基础

金融扶贫涉及的相关理论较多，主要包括金融排斥理论、普惠金融理论、农村金融与不完全竞争市场理论、多维贫困理论以及共同富裕理论等。这些理论的形成与发展，为金融扶贫实践奠定了坚实的理论基础。

(一) 金融排斥理论

金融排斥最初是西方金融地理学家的研究议题,20 世纪 90 年代初 Leyshon & Thrift 在研究英国金融网点的分布对当地金融服务质量及金融发展状况影响时提出这一概念。Leyshon & Thrift(1994)以及 Lamer & Heron(2002)分别对英国和新西兰的金融排斥现象进行调查。他们发现,农村地区金融机构网点被关闭的较多,而金融机构同时却在城市大量扩张营业网点,这无疑会加剧城乡之间金融发展的不平衡。

研究表明,金融排斥现象的存在进一步加深贫困地区和贫困人口的贫困程度。由于地理环境、自然条件、经济情况等原因,相对于经济发达地区,贫困地区的居民更加容易遭受金融排斥。英国贫困人口大多分散居住在偏远农村地区,而居住的分散性及较低的收入使金融机构在偏远山区的运营成本非常高。追求利润最大化的目标使金融机构通过裁并大量偏远地区的分支机构来降低成本,使偏远地区的居民获得金融服务难度更大,一部分人甚至彻底被隔绝在金融服务体系之外,产生金融排斥现象。

金融地理学为金融排斥理论的研究提供了一个研究视角,但是金融排斥并不仅仅是一个简单的地理问题,而是一个复杂的经济社会问题,需要基于多元化的视角来分析。金融发展理论突破金融地理学研究金融排斥的原有框架,认为一个国家的收入差距、人口性别和年龄结构,以及文化、地理等多重因素都会对金融机构的网点分布与服务质量产生影响。

因此,对于部分地区和特殊群体的金融排斥现象会进一步制约其经济发展进程,进而导致区域性贫困和群体性贫困。对于金融排斥机理的研究主要从金融供给者和金融需求者两个角度展开。从金融供给者角度来看,由于金融资源的稀缺性和金融机构在市场经济条件下作为追求最大利润的经济主体,在同等条件下,金融机构对低收入经济群体或贫困地区有着天然的金融排斥。从金融需求者角度来看,经济主体的收入水平、年龄结构、教育背景、金融意识、金融需求变化等多方面的因素都有可能使他们被排除在金融服务体系之外。

　　金融排斥一般是指因恶劣的地缘条件、过高的价格、苛刻的准入限制、严格的风险评估及主观意识等因素,致使部分经济主体被排斥在金融服务体系之外,无法正常享受金融产品和服务的现象。从金融机构的角度而言,学者认为金融排斥主要包括地理排斥、条件排斥、价格排斥、评估排斥与营销排斥等类型[①]。其中,地理排斥是指部分经济主体因地处偏远地区,交通成本较高而难以获得金融服务和金融支持。条件排斥是指金融机构提供金融产品和服务时常常附有苛刻的附加条件,而部分经济主体难以满足这些条件不得已被排除在金融服务之外;价格排斥是指部分经济主体因无力承受较高的金融产品价格而被排斥在某些金融产品之外;评估排斥是指金融机构在提供金融服务前,通过风险评估的手段,将风险较高的部分经济主体排除在某些金融服务之外。金融机构在开展营销宣传活动时有意或无意地将部分经济主体排除在一些金融服务之外,这种现象属于营销排斥。

　　此外,自我排斥也是金融排斥的重要表现形式。自我排斥是指部分经济主体出于自身条件和心理因素的考虑而有意放弃获取某些金融产品和服务,从而被排除在某项金融服务之外。

　　虽然市场是资源配置的最佳方式,但市场机制并非总是高效率的。因此,金融排斥在本质上可以视为是一种市场失灵现象。当金融排斥这种市场失灵现象出现时,金融机构的趋利性导致金融资源大量涌入发达地区及高收入群体中,部分弱势经济主体及贫困地区被排除在主流金融服务体系之外,造成金融资源的不合理配置。就现状而言,农村贫困地区金融资源供给不足、金融产品价格较高等问题,都与贫困地区面临严峻的金融排斥现象有着密不可分的关系。

(二) 普惠金融理论

　　基于对传统金融排斥现象和全球金融危机的反思,普惠金融理论

---

① 何德旭、苗文龙. 金融排斥、金融包容与中国普惠金融制度的构建[J]. 财贸经济,2015(3)
　　5—16

及实践逐步得到重视。2006年在北京召开的亚洲小额信贷论坛上正式使用普惠金融这一概念,并提出普惠金融体系的基本研究框架。强调普惠金融是指"立足机会平等要求和商业可持续原则,以可负担的成本为有金融服务需求的社会各阶层和群体提供适当、有效的金融服务"。

针对传统金融机构在金融服务方面存在的不足之处,普惠金融更突出"普"与"惠"两个方面。"普"的层面强调的是金融的服务对象。普惠制金融的目标是实现社会所有阶层和群体的金融全覆盖,其主要服务对象是被传统金融机构排斥在外的小微型企业、城乡低收入群体、待业人员,强调的是金融产品和服务的可接触性,旨在为城乡弱势群体提供金融产品和服务机会。"惠"的层面,强调低成本获取资金的使用能力。相对于传统金融机构偏爱大企业、大项目和高收益,更多追求资本回报率,普惠制金融强调低廉的资金使用能力,不把追求利润作为自身发展唯一目标,把促进弱势群体自我发展、自我积累作为自身责任。

周小川(2015)提出,普惠金融需要强调"为每一个人在有需求时都能以合适的价格享受到及时、有尊严、方便、高质量的各类型金融服务"。普惠金融从金融服务和金融产品角度对于贫困地区或者弱势群体进行帮扶,使得金融扶贫减小对于贫困地区和人们的限制。我国制定实施的《推进普惠金融发展规划(2016—2020年)》把普惠金融表述为"立足机会平等要求和商业可持续原则,以可负担的成本为有金融服务需求的社会各阶层和群体提供适当、有效的金融服务"①,着重强调"适当有效的金融服务"及"成本可负担"两个层面。普惠金融的理念是共享和公平,要义是立足平等和可持续性原则,核心要素是服务可得性、价格合理性和便利性、安全性、全面性(星焱,2016),目标是赋予金融的扶弱功能、弥补传统金融体系中的公平缺位,本质是强调金融为弱势产业、弱势地区和弱势群体提供服务。在我国目前地区发展不均衡、贫困人口仍占一定比例的情况下,普惠金融是整个金融体系不可或缺

---

① 推进普惠金融发展规划(2016—2020年)[NB/OL]. 国务院网站,http://www.gov.cn/zhengce/content/2016-01/15/content_10602.htm

的重要组成部分。在推进过程中应将重点放在金融资源向重点领域以及金融薄弱地区的倾斜性配置,通过加大金融支持力度来助推贫困地区产业和经济社会的发展。

另一方面,普惠金融和政策性金融并不相同,两者存在一定的差异。虽然这两种方式都有政策性的支持,但是普惠金融更侧重商业发展。商业性和政策性的平衡是普惠金融现阶段发展的重点,主要体现在金融的公共性、公平性与民生性三个层面。公共性主要强调服务主体问题。如银行业、证券业、保险业应确定各自在普惠金融体系中所扮演的角色及主要职责范围,在此基础上探寻为公众特别是贫困人口提供适当金融服务的具体方式。公平性主要强调金融服务的可得性,关注如何能够公平公正为贫困地区和弱势群体等提供有效的金融服务,特别是在农业融资、农业保险、支农政策等重点环节加大金融服务的支持力度。金融的民生性主要强调民生领域金融业的覆盖面,重点是贫困群体的信贷与其他金融服务、社会保障的金融支持以及金融领域的消费者保护等方面。

(三) 农村金融与不完全市场理论

农村金融市场主要包括四个基本要素,即市场参与者、金融工具、金融工具的衡量价格以及金融交易的组织形式等四个方面。其中,市场参与者主要包括政府、中央银行、市场企业、商业性金融机构及农村居民,不同市场参与者通过各种方式参与到农村金融市场进行交易的目的不尽相同。关于农村金融市场的性质,不同学者基于各自研究视角提出不同的观点,主要包括农村金融管制理论、农村金融市场论、农村金融不完全竞争论等,具体如表 2.1 所示。

这其中,Stiglitz(1981)强调发展中国家的金融市场属于非完全竞争市场,存在不完全竞争性和信息不对称,政府的适度干预是必要的。与城市相比,农村的资源禀赋具有明显的差距,加上农业生产周期较长以及农业本身所存在的弱质性,使得农村难以完全依靠自身力量培育出成熟而又完善的金融市场体系。不完全竞争市场理论既肯定政府的作用,也重视市场机制作用,认为两者的结合会更加有利于促进农村金融市场的发展。农村金融机构主要以农村居民为服务目标,该群体独有的脆弱性和高风险性,使其所在的农村金融市场存在脆弱性。在遵从农村金融市场运行与发展规律的前提下,政府通过有效与合理的干预对其引导、监督和管理,实现农村金融资源的合理配置。在此基础上,将更多的其他非正式金融资源引入到农村金融体系中,促进农村金融市场的可持续发展。

表 2.1 关于农村金融不同理论的主要观点[①]

	农村金融管制论	农村金融市场论	农村金融不完全竞争论
政府干预	有必要,政府应扮演积极角色	没有必要,更多重视市场机制	政府一定程度的干预有助于弥补市场失灵
利率管制	支持利率管制	利率水平由市场决定	逐步放松利率管制
资金筹集	由政府建立专门机构从外部注入资金	动员农村内部资金	主要依靠内部资金,外部资金起补充作用
金融机构管制	通过优惠措施保护农村金融机构并管制	鼓励金融机构之间的竞争	发展初期进行保护性管制,后逐步放松管制
政策性金融	实施以特定群体为目标的专项贷款	反对特定目标贷款制度	政策性金融在一定范围存在,但不能影响市场竞争

不完全竞争市场论主要适用于广大发展中国家的农村金融市场。金融市场在发展中国家并不属于一个存在完全竞争的金融市场,特别是发放贷款的机构对借款人的个人情况没有充分了解和掌握的具体途径。农村金融市场存在着强烈的信息不对称问题,金融市场可能会存在失灵的状况。因此,难以仅仅依靠市场机制培育一个完全满足社会主体需求的金融市场。从市场供给方来看,随着农村地区对金融服务

---

① 资料来源:王曙光. 农村金融学(第二版)[M]. 北京大学出版社,2015:25—26

特别是信贷需求的增加,农村金融机构会提高贷款利率,使得信贷成本增加,导致农村金融机构体系的覆盖面降低,不利于农村人口获得信贷资金。另一方面,从市场需求方来看,因为信息不对称的存在,农村居民的交易行为容易产生道德风险,造成贷款违约率的提升,同时也会加大金融机构的经营风险。所以,如果只是单纯依靠市场的调节作用无法解决信息不对称问题,也难以实现农村金融资源的最优化配置。必须正视农村金融市场不完全竞争的属性,通过政府适当干预等非市场因素的加入,以及其他各种有效措施的运用来弥补金融市场的失效部分,进一步完善农村金融体系,为农业和农村经济的发展提供金融支持。

(四) 多维贫困理论

多维贫困的概念是随着贫困理论的发展而被提出的。研究表明,收入只能反映人类发展和贫困的一个方面,而不能充分反映收入之外其他维度的贫困(Fisher,1992)。为了能够更加准确地瞄准贫困人口,需要在收入维度之外,从其他角度来识别和瞄准穷人。如教育资源分配和受教育机会的不公平滋生教育贫困,因病致贫、大病返贫等贫困现象都需要引起足够重视。因此,作为多维贫困理论的主要贡献者,诺贝尔经济学奖获得者阿马蒂亚·森(Sen,1999)将发展看作是扩展人们享有实质自由的一个过程。实质自由包括免受诸如饥饿、营养不良、可避免的疾病、过早死亡等在内的各种困苦的基本可行能力。贫困是对人的基本可行能力的剥夺,而不仅仅是收入低下。除了收入低下以外,还有其他因素也影响可行能力的被剥夺程度,成为贫困产生的重要原因。多维贫困的核心观点是,人的贫困不仅仅是收入的贫困,也包括饮用水、道路、卫生设施等其他客观指标的贫困和对福利的主观感受的贫困。我国学者也提出相应的观点,认为贫困的核心概念是能力、权利和福利的被剥夺,贫困是一个多维现象,除收入缺乏这种类型外,还包括人类贫困、知识贫困以及生态贫困等类型(胡鞍钢,2009)[1]。

---

[1] 胡鞍钢.从贫困大国到小康社会[J].人民论坛,2009(9):25—27

阿马蒂亚·森的能力和功能理论框架是综合理解贫困的逻辑出发点。能力方法是一种多维的方法，它不仅描述经济和社会部门引起的贫困和生活的社会变化，而且全面描绘人们自由价值享有和缺乏状况。依据该理论，多维贫困问题既是社会问题又是个人问题。在社会层面上，它反映的是一个国家和地区在经济与社会发展过程中出现的结构失调、行为失范和运行失控等行为。个人层面上，它反映的是贫困者个人的收入、健康、教育技能等方面存在的不足。因此，对这一问题的研究有利于深入探究贫困产生的深层次原因与彻底解决贫困问题的运行机制。

出于自然状况的不确定性和人类知识的有限性，人们对于多维贫困这一概念的认知还需要进行深入的分析。这种认知过程是主体对客体的信息基础进行选择、加工、处理、分析和综合的过程[①]。

多维贫困理论提出后，面临的首要问题是如何对多维贫困的大小进行定量分析。因此，2007 年 5 月由阿马蒂亚·森教授发起，在牛津大学创立牛津贫困与人类发展中心，致力于多维贫困的测量，并围绕教育、健康、生活等层面提出相关的评价指标体系，如表 2.2 所示。Alkire(2007)认为，与能力方法相关的多维贫困测量能够提供更加准确的信息，便于识别人们的能力剥夺。随后，Alkire & Foster(2008)提出了多维贫困的识别、加总和分解方法[②]，在此基础上运用相关指标可以对具体区域的多维贫困状况进行定量分析与测度。

(五) 共同富裕理论

共同富裕理论是中国共产党和广大人民群众集体智慧的结晶，在立足我国实际的基础上，进一步发展了马克思主义共同富裕理论，是社会主义本质的重要体现。共同富裕是全体人民通过辛勤劳动和相互帮助最终达到丰衣足食的生活水平，也就是在消除两极分化和贫穷基础

---

① 李飞、唐丽霞、于乐荣. 走出多维贫困研究的"内卷化"与"学徒陷阱"—文献述评的视角 [J]. 中国农业大学学报(社会科学版),2013(3): 147—153
② 王小林、Sabina Alkire. 中国多维贫困测量：估计和政策含义[J]. 中国农村经济,2009 (12): 4—23

表2.2　全球多维贫困指数的维度和指标[①]

维度	指标	阈　　　值
教育	受教育年限	10岁及以上人口未完成5年学校教育
	入学儿童	适龄儿童未入学
健康	儿童死亡率	家中有儿童死亡
	营养	成人或者儿童营养不良
生活标准	用电	家中不通电
	卫生厕所	厕所设施没有得到改善,或者与其他用户共用改善的厕所设施
	安全饮用水	家中不能获得安全饮用水,或者来回至少需要步行30分钟才能获得安全饮用水
	屋内地面	家中地面肮脏、沙土、有粪便或者其他类型的地面
	做饭用燃料	家中使用粪便、木材或者其他固体燃料做饭
	耐用消费品	家中没有收音机、电视、电话、自行车、摩托车或者电冰箱中的任一种,并且没有汽车或者卡车

上的全体人民的普遍富裕。邓小平同志指出:"社会主义的本质,是解放生产力,发展生产力,消灭剥削,消除两极分化,最终达到共同富裕。"[②]对于如何消除贫困,邓小平指出"让一部分人、一部分地区先富起来,大原则是共同富裕。一部分地区发展快一点,带动大部分地区,这是加速发展,达到共同富裕的捷径"[③]。党的十八大提出共同富裕是中国特色社会主义的根本原则,党的十八届三中全会提出深化经济体制、政治体制、司法体制、社会体制等各领域的改革,坚持以人民为中心的发展思想,维护起点公平,实现发展成果更多惠及广大人民。这从战略上深化了社会主义共同富裕理论,从而使共同富裕的目标更加明确,

---

① 资料来源:Alkire S. A. Conconi, et al. The global multidimensional poverty index:5 year methodological note, OPHI Briefing 37, 2016. 转引自:王小林. 贫困测量:理论与方法[M]. 北京:社会科学文献出版社,2017:50

② 邓小平文选(第3卷)[M]. 北京:人民出版社,1993:373

③ 邓小平文选(第3卷)[M]. 北京:人民出版社,1993:166

共同富裕道路的实现更加有保障。习近平总书记在十九大报告中明确指出:"深入开展脱贫攻坚,保证全体人民在共建共享发展中有更多获得感,不断促进人的全面发展,全体人民共同富裕"[①],进一步丰富了社会主义制度下共同富裕理论体系。

共同富裕目标有着丰富的内涵。邓小平指出:"要在建设高度物质文明的同时,提高全民族的科学文化水平,发展高尚的丰富多彩的文化生活,建设高度的社会主义精神文明。"他认为,物质生活的富裕、精神文化生活的丰富、人的自身文明素质的提高,这几方面有机结合,才能构成社会主义共同富裕的鲜明特征。一是通过解放生产力、发展生产力为共同富裕提供物质基础,通过消灭剥削、消除两极分化这一行之有效的手段为共同富裕提供制度保证,维护社会的和谐稳定。二是共同富裕不仅包括物质生活的富裕,还注重精神层面的提升,实现人民群众精神生活的富裕。高度发达的精神文明,也是我国共同富裕的主要内容。社会主义精神文明建设可以为实现共同富裕提供思想保证与精神动力,用共同富裕的理想和信念规范人们的社会行为,增强全体社会全体成员的凝聚力。

共同富裕必须建基于高度发达的物质生产力基础上。否则,即使消灭剥削,消除了两极分化,也只能是贫穷的普遍化[②]。在社会主义初级阶段,由于生产力水平仍然较为落后,公有制和按劳分配应有的优越性尚未完全充分发挥出来。共同富裕目标的实现是一个历史的、渐进的过程,只有把握中国社会的主要矛盾及其变化趋势,才能找到有效的实践路径。因此,实现社会主义制度下的共同富裕,是新时期的艰巨任务。其中,精准扶贫是实现共同富裕目标的重要内容之一。共同富裕内涵也随着精准扶贫进程的推进和时代的发展不断丰富,从最初的"让一部分人先富起来,先富带后富,实现共同富裕",到现在"全面建成小康社会","一个都不能少,一个都不能掉队"。全面建成小康社会是现

① 习近平.决胜全面建成小康社会 夺取新时代中国特色社会主义伟大胜利[N].人民日报,2017-10-28
② 龚云.论邓小平共同富裕理论[J].马克思主义研究,2012(1):46—55

阶段共同富裕理论在我国经济与社会发展实践中的重要体现。在这一过程中,需要坚决打好精准脱贫攻坚战,将精准扶贫各项工作落实到位,扶贫成效得到人民认可,扶贫结果经得起历史检验。精准扶贫不仅要在物质生活方面解决贫困群众的困难,帮助其生活富足,还应该进一步充实扶贫对象的精神文化生活。

二、金融发展对贫困减缓的作用机制

金融发展对贫困减缓的作用可以通过多种方式来实现,这种运行机制既体现在促进产业发展与居民收入提升的直接作用,在很大程度上也表现为通过促进经济增长间接推动贫困人口的减少。具体作用机理中经济增长和收入分配为间接路径,提供高质量的金融产品与服务为直接路径,总体可归为这两种效应。

一是金融发展直接作用于贫困减缓。金融机构不断扩大贫困地区金融服务的覆盖面,提升金融服务质量,赋予贫困人口平等享受金融产品和服务的权利。通过向贫困人口供给信贷、保险等金融产品,为扶贫对象增加提高收入的机会,降低意外风险带来的损失,放松企业和居民的融资约束,创造更多的就业机会,提高贫困群体的绝对收入水平。二是金融发展的间接效应。金融发展通过提高资本利用效率促进经济增长,提供更多的经济机会来惠及贫困人口,同时实现经济资源在社会不同群体间的转移和重新分配,在一定程度上缩小收入分配的差距,实现贫困群体相对收入水平的提高。

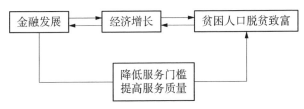

▼图 2.1　金融减缓贫困的直接和间接途经▼▼

（一）金融发展对贫困减缓的直接机制

农村金融发展作用于贫困减缓的直接路径就是向贫困人口提供合适的金融产品和服务，扩大贫困地区金融产品覆盖面，将扶贫对象纳入金融服务体系之中。特别是通过发展微型金融，提供小额信贷、储蓄、汇兑和支付、保险等服务，把那些被排斥于传统金融服务和整体经济增长轨道之外的农村低收入人群特别是贫困人口纳入农村金融服务范围，扩大金融服务覆盖面，使他们可以及时获得日常生活与生产经营所必需的资金，顺利开展生产经营活动，从而可以分享经济增长所带来的福利改善，有助于摆脱贫困。即通过扩大金融供给的普惠性和覆盖面促进经济发展，实现财富增长进而达到普惠性减贫的目的。

金融机构向贫困人口提供储蓄服务，可以提供一种安全的资金积累方式，使其能够固定的获得利息收益，有利于实现对家庭收入的合理规划和管理。同时，储蓄服务也可以帮助贫困人口在出现收入和支出的意外波动时平滑其消费，保持收入的相对稳定性。降低贫困人口在面临突发事件时的脆弱性，提高贫困人口风险应对能力，有效减少重大自然灾害或重大疾病给贫困家庭带来的损害，降低因病致贫、大病返贫等发生的概率。

此外，储蓄也是金融机构提供信贷服务的重要资金来源之一。储蓄的增加有助于支持金融机构向贫困地区和贫困人口提供更多的信贷服务，帮助贫困人口开展生产经营活动，实现自我雇佣甚至创造更多的就业机会，提高其收入水平。金融机构向贫困人口提供信贷服务可以有效帮助有能力但是缺乏资金的贫困人口缓解其资金约束。他们获得信贷资金后可以将其投向更高效率的生产性资产，增强家庭增产增收能力，提高绝对收入水平。

（二）金融作用于贫困减缓过程的间接机制

金融发展作用于贫困减缓的间接路径主要表现在以下两个方面：

一是金融发展通过提高资本利用效率促进经济增长，经济增长可以创造更多就业岗位、增加支出以及提供更多的经济机会来惠及贫困人口。Diamond & Dybvig(1983)运用跨期迭代模型,通过理论分析框架证明金融机构的出现降低市场信息不对称的风险,通过提高资产流动性,引导社会资本从储蓄到固定资产的转变,从而增加社会整体资本存量,提高社会总产出水平,促进经济持续增长。

金融发展主要通过两个渠道影响经济增长。首先,资本外部性和规模报酬递增导致稳态人均资本和人均产出的持续增长(Romer,1986),金融功能通过影响资本积累率促进经济增长。其次,新技术和新产品的发明是推动稳态经济增长的引擎(Romer,1990;Helpman Grossman,1991;Howitt & Aghion,1992)。另一方面,金融体系的功能影响技术创新率促进经济增长。Levine(1997)认为,金融发展内生于实体经济的发展过程之中,随着实体经济的增长而规模壮大与深化,金融发展与经济增长通过金融功能相互促进。经济发展中的信息获得成本和交易成本等市场因素导致金融市场和中介的产生,它们通过优化资源配置、降低资金成本等方式促进实体的经济增长。实体经济规模的扩大对金融体系及产品结构产生新的需求,又有利于金融体系规模的扩张与金融结构的优化。

二是通过缩小收入差距来缓减贫困。金融发展使更多人获得金融服务,有利于增加低收入者特别是贫困人口的经济机会,从而减少代际间收入不平等。金融发展可以实现经济资源在社会不同群体间的转移和重新配置,在提升居民收入水平的同时,在一定程度上缩小收入分配差距,实现贫困群体相对收入水平的提高。曾康霖(2004)提出扶贫性金融应发挥收入分配效应,通过加大对弱势群体的融资来实现效率与公平的有效均衡。Beck,Kunt & Levine(2007)利用跨国数据和动态面板回归方法,发现金融发展不仅降低基尼系数而且还减少日均生活费低于1美元的人口在总人口中所占的比例。Levine 等(2007)基于"金融发展→经济增长→收入分配→贫困减缓"的演化路径,认为金融发展主要通过收入分配和再分配属性来发挥减贫作用。

库兹涅茨的"倒 U 型"理论认为在一个国家经济发展的早期阶段,

收入差距不断加大。在经济发展中期阶段,收入差距扩大速度放缓。在经济发展成熟阶段,收入差距会逐渐缩小。Greenwood & Jovanovic 对金融发展与收入分配的关系进行研究,其研究结果与库兹涅茨的"倒U型"理论相一致①。

三、国外金融扶贫的主要实践及启示

在金融扶贫过程中,世界范围内许多国家制定和实施了一系列措施,创新和探索一些富有成效的模式,推动了金融扶贫进程。他山之石,可以攻玉。通过借鉴其他国家金融扶贫的主要措施和基本经验,有利于进一步分析我国金融扶贫过程中存在的不足之处并提出更加有效的解决方案。

(一) 国外金融扶贫的主要模式

1. 农村合作金融模式

农业具有天然的脆弱性,发展农村互助合作金融首要考虑的就是风险。必须改变农户特别是贫困人口各自为战的传统模式,在政府、银行、农村互助合作金融组织、社员之间合理划分责任,广泛构建和推广风险共担机制。为有效解决农业领域的融资难、融资贵问题,在传统的金融机构之外,一些国家和地区探索发展了多种农村互助合作金融组织,对传统金融进行有益补充。德国、印度、美国、日本等国家经过多年发展,建立了较为成熟的农村合作金融发展运行机制。

德国农村合作金融起步较早,1864 年成立农村信用合作社,主要为农民提供信贷服务,帮助在遭受农业灾害后恢复生产以及在日常生产经营中摆脱高利贷盘剥。从形式来看,德国农村合作金融机构自上而下分为三级,分别是中央合作银行、地区合作银行、基层信用合作社。

---

① Greenwood, J. ,Jovanovic, B. . Financial Development, Growth, and the Distribution of Income [J]. The Journal of Political Economy, 1990(6): 1076 - 1107

基层信用合作社的资金主要来自农户、小农场主、社会资金。地区合作银行的资金来自基层信用合作社入股。中央合作银行的资金一部分来自地区合作银行入股,另一部分来自政府资金入股,政府股份最高可达25％[1]。合作金融机构运行过程中,政府很少干预具体经营活动,仅仅在法律和政策层面给予扶持,并实施严格的监管制度。

印度农村合作金融起步于 20 世纪初。1904 年颁布实施《信贷合作社法》,确立了农村合作金融的合法地位。同年印度农业信贷合作社建立,目前已成为世界上规模最大的农村合作金融系统之一。印度农村合作金融主要由中短期和长期合作金融组织两部分组成。其中,中短期合作金融组织分为初级农业信用社、区中心合作银行、邦合作银行三级结构,长期合作金融组织分为初级土地开发银行、邦中心土地开发银行两级结构[2]。

美国农村合作金融诞生于 20 世纪 30 年代经济大萧条时期,为了扶持中小企业和农户,按照自愿、平等、互利等原则,政府主导成立合作性质的农村信用社,实行民主化管理,不以盈利为目的。美国农村合作金融分为联邦土地银行系统、联邦中期信贷银行系统和合作银行系统等 3 个相互独立的系统。

日本在农村合作金融体系建设中起步较晚。在借鉴欧美国家先进理念及成功经验的基础上,结合本国农业发展现状及对资金的需求状况,日本构建了高效的农村合作金融体系。农村合作金融从上至下可分为三个层级,其中,最高层是中央的农林中央金库和全国信联协会,中间层是都、道、府、县的信用合作联合会,最底层是基层农协的信用合作组织。这三个层次的农村合作金融组织又分布于日本农协的三个系统,即农业系统、林业系统、渔业系统。农协的服务宗旨是坚决保护农业、保护农民利益。其功能非常全面,涵盖了农业生产生活资料购买、农产品销售、生产技术与农业经营指导,以及储蓄、融资、保险等金融业

---

① 李昌南、胡庆琪. 国外农村合作金融模式及其对我国的启示[J]. 延边大学学报(社会科学版),2009(6):136—141

② 谌英. 国外农村合作金融发展模式及立法研究[J]. 世界农业,2016(7):126—130

务,从而可以为农村居民提供全方位的金融服务。

2. 小额信贷模式

小额贷款是一种以低收入阶层为服务对象的小额度、持续性、制度化的信贷服务方式,伴随贷款发放的还有一系列综合技术服务。小额贷款起始于 20 世纪 70 年代,源于孟加拉国经济学家尤努斯教授所开展的小额贷款试验。小额贷款既是一种重要的扶贫方式,也是一种金融服务的创新,其宗旨在于通过金融服务让贫困农民获得生存与自我发展的机会。

尤努斯教授在乡村调研中发现,村民的贫穷多数是因为缺乏足够的初始资金。资金的缺乏使他们欠缺改变生活、脱离贫困的途径与能力。因此,他于 1983 年正式创立孟加拉乡村银行(也称格莱珉银行),主要业务就是向贫困农民提供小额贷款服务。格莱珉银行组织结构很简单,设立一个乡村银行总行,下设分支机构,和一般商业银行无异。但在贷款对象上有侧重,所发放给贷款的对象大都是贫困地区几乎没有抵押物但却有贷款需求的农村妇女。通过门槛低、利率高、周期短、资金量小的贷款来支持贫困人口的创业发展需求。同时,十分注重对贷款对象的综合评估,以尽可能减少信息不对称导致的信用风险。随着影响力的扩大,格莱珉银行的业务水平和规模不断提升。孟加拉国政府十分支持格莱珉银行的经营和发展,并通过法律形式,对其合法地位予以确认。同时,还专门建立政府小额信贷组织,为其发展提供强有力的支持。在税收方面制定了一定的优惠政策,以减轻其税负。

乡村银行提供的小额短期贷款,其额度一般每笔在 100—500 美元之间。贷款无需抵押,但要求贷款人分期还贷,1 年之内还清。同时,要求贷款人定期参加中心活动。对于遵守银行纪律、在项目成功基础上按时还款的农民,实行连续放款政策。作为非政府组织的孟加拉乡村银行,自 1998 年起就不再接受政府和国际机构的资金援助,成为真正自负盈亏的商业机构。该银行拥有 600 余万个借款者,近 3000 家分支机构,覆盖孟加拉国 98% 以上的农村地区。格莱珉银行的小额信贷模式已在全球 100 多个国家得到了推广①,在世界范围内产生了良好的效果。

从实际运行情况来看,小额信贷在运作主体、设计思想、发展规模和实施时间上各不相同,但多数小额信贷机构和项目在规范性、可持续性以及扶贫绩效方面都取得了一定的实践经验。

印度尼西亚 BRI 银行是提供小额信贷的典型案例。在印度尼西亚,BRI 银行负责为农村地区的居民提供小额信贷业务。农村地区的低收入人群可以从该银行获得一定的信贷和储蓄服务,以更好地满足自身在资金等方面的需求。该银行的资金来源为储户的存款和利息收入,在该银行提供小额信贷的过程中,对相应的贷款对象有一定的要求。贷款对象必须满足农村低收入人群的条件,且经过综合审核与评估,具备一定的还款能力。在该银行的日常经营和发展过程中,印度尼西亚政府不对其进行直接干预,并积极地为其打造良好的金融生态环境,以支持该银行的发展。为了实现自身的长期稳定发展,更好的提高自身的小额贷款业务水平,BRI 银行构建了完善的小额信贷网络,并由总行负责进行统一的管理。在业务开展过程中,注意积极结合当地的实际情况,做好风险防控工作,并制定完善的运营方案。

3. 通过提供数字金融服务来降低金融扶贫成本

随着数字技术在金融领域的多元化应用,数字金融服务逐渐成为金融扶贫的重要方式。一些国际机构与组织联合相关国家的政府与金融机构,开展了一系列数字金融服务项目,在一定程度上降低金融扶贫的运行成本。CGAP 与津巴布韦移动货币服务提供商 Econet Wireless 开展的一项特殊的数字金融服务即为典型案例。该服务项目利用 Econet Wireless 公司的移动支付平台,将目标农户连接到一个目标储蓄账户,该农户可以选择最低存款或者依据自身经济状况存入更多现金,该项目给予存储金额自由。当农户子女需要支付学费时,会自

---

① 田莹莹、王宁. 小额信贷的国际经验对中国农村金融扶贫的启示[J]. 世界农业,2014(8):54—58

动将小农储蓄转移到所选择的学校,同时小农要支付与交易金额相关的转账费用。为更好服务于农户,还制定了宽松的付款条件,错过每月向学校支付生活费的农户不会受到罚款,信用良好的农户可以向该公司申请小额贷款[①]。

在坦桑尼亚政府支持下,国际农业发展基金出资建立农产品营销系统开发计划(AMSDP)和农村金融服务计划(RFSP)两大项目,在坦桑尼亚合作开发仓单系统,帮助农户存储农作物,并提供信贷服务。作为坦桑尼亚政府联合 IFAD 共同开发的新型农村金融产品,仓单系统(WRS)业务既能有效解决该国农村地区仓储设施缺乏的问题,又能为农村居民特别是贫困人口的生活与生产经营活动提供信贷支持。在仓单系统运转的过程中,农作物作为抵押物流转到银行,使银行愿意放贷资金给农户。仓单系统这一创新性的金融产品,在实践中一方面能降低银行承担的信贷风险,另一方面创造农户可用于抵押的信贷资产,保障了农户特别是贫困人口的基本生活开支需求。

4. 政府主导的金融扶贫模式

一些发展中国家在推动金融扶贫过程中,注重发挥政府的主导作用。政府主导的金融精准扶贫模式,以政府为主体,通过政策性金融机构对于扶贫工作的参与,实现金融扶贫。从政府参与金融扶贫的方式来看,可以分为直接金融扶贫和间接金融扶贫两种类型。前者是国家金融机构为贫困户直接提供贷款产品,承担对农民的扶贫职责,后者表现为国家金融机构向劳动密集型企业提供贷款,提高贫困农民的就业率[②]。在实践过程中,以政府为主导的金融扶贫模式主要表现为"银行+农户+风险补偿金"、扶贫贴息贷款等具体形式,其中支农贷款是政府主导金融扶贫的重要表现,由本国央行对涉农金融机构发放专用贷款,这些机构再向贫困户发放相应的款项。

---

① 薛曜祖、包盛、毕洁颖. 国际组织金融扶贫创新的经验及启示[J]. 金融与经济,2018(8):39—44

② 陈啸、吴佳. 我国金融精准扶贫协同治理模式研究[J]. 中国行政管理,2018(10):68—72

（二）对我国金融扶贫实践的启示

1. 完善经济主体参与金融扶贫的制度体系

世界各国在金融扶贫过程中对制度体系的建设与完善都极为重视。完善的法律与法规体系使金融扶贫能够依法行使、按章行事,有利于规范金融扶贫过程中各经济主体的经济行为。因此,我国应针对农村经济基础薄弱、贫困农户信贷风险较高等原因导致金融机构自主进行金融扶贫的意愿不强这一现状,通过加强制度体系建设,针对各参与主体特别是金融机构进一步完善必要的激励与约束机制。同时,积极引导金融机构严格落实各类扶贫政策,探索完善金融支持扶贫的有效机制和相关政策通过实施农业保险保费补贴、特色农业保险奖补政策,探索开展以自然灾害和意外事故等为保险责任的特色种养殖业保险,为农村金融扶贫提供坚实的保险保障。

2. 加大金融基础设施建设力度

基础设施水平是影响金融扶贫取得预期成效的重要因素。需要加大资金等要素投入,在建设与完善贫困地区道路交通、水电通信等设施的基础上,进一步加快金融服务基础设施建设。通过增设流动服务网点、助农取款站点,合理布放 ATM、POS 机等措施,将金融服务向贫困村延伸,力争现代支付设施到乡镇,电子支付工具运用到村,部分特色优势产业、专业化市场非现金支付工具基本覆盖农村地区。同时,加快推广数字金融服务,逐步推广电话银行、网上银行等非现金支付工具,形成覆盖贫困村的金融服务信息网络,完善面向贫困人口和贫困地区的普惠金融体系。同时,加快建设贫困地区县、乡、村、户四级信用网络体系,进一步增强贫困人口的信用意识。

3. 进一步增强金融服务能力

进一步开放农村金融市场,拓宽农村投资领域,加大农村金融服务机构的覆盖率。以市场为导向,以贫困人口为主体,以金融服务为纽带,不断完善扶持政策,创新农村金融产品,深化农村金融服务体系改革。充分发挥农村商业银行在金融扶贫中的作用,利用其管理半径小、决策路径短、服务效率高等优势,将金融资源有效精准地配置到涉农中小企业与贫困人口。通过信息共享、网点和系统互通、相互授信等方式形成金融扶贫合力,降低贫困户交易成本,解决扶贫对象融资难与融资成本高的问题,更好满足扶贫对象差异化与个性化的金融服务需求。

4. 规范和创新农村经济合作组织

充分发挥经济合作组织在农村经济发展中的作用,鼓励贫困农户积极加入新型农业合作组织,推动农村经济合作组织发展成为金融扶贫的重要载体。引导合作经济组织健康发展,将其构建成农民自我服务、自我发展、自我教育、自我管理的综合服务平台,增强贫困人口参与的积极性与主动性。可以借鉴格莱珉等公益性小额信贷模式,加强对贷款农户的周期性培训,提高贷款农户间相互的认同,加强对市场需求变化的分析和学习交流,帮助贷款农户不断提高小额信贷的经营水平,在减少小额贷款风险的同时,提高农户投资项目的成功率。

5. 构建多元化的金融扶贫体系

充分发挥政府的主导作用,引导政策性银行、商业性银行、农村信用社、农村资金互助社及其他金融机构之间形成有效的竞争和互补机制。同时,进一步强化多元化农村金融扶贫主体的作用,培育多元化、竞争性农村金融市场,积极推进村镇银行、资金互助社、小额贷款公司等新型农村金融组织和贫困村互助资金协会发展,完善农村金融服务市场体系和服务功能。在此基础上构建多层次、广覆盖、可持续的普惠金融扶贫体系,合理配置农村金融资源,以政策扶持为支撑,建立起多元化、复合式的金融扶贫风险防控体系,形成多方参与、共同扶贫的大格局。

6. 鼓励金融机构提供更加优质的小额信贷服务

小额信贷成为世界范围内应用广泛的金融扶贫手段,也取得了较大的成效,在金融扶贫过程中扮演着重要角色。可以借鉴国内外成功的小额信贷服务中低收入群体和信贷风险控制技术,重视和利用信贷员排查风险的基础性作用及农村社区在信用管理上的作用。可在农村及社区设立代办点,建立激励和监督制约机制,充分发挥社区在协助贷款申请初审、贷款发放、跟踪回访、回收等方面的功能,有效降低风险。

鼓励农村商业小额信贷机构支持农村市场。设计推广符合农村市场需求、适销对路的金融产品和服务模式,针对不同客户和不同的贷款用途,合理设定贷款额度、还款期限及贷款利率,确保这一信贷模式在有效发挥作用的基础上实现可持续发展。

第三章

改革开放以来我国金融扶贫演化
历程与发展现状

　　我国扶贫开发工作经历救济式扶贫、开发式扶贫以及精准式扶贫等阶段,金融扶贫在每个阶段也呈现出较为明显的差异性。在这一过程中,国家开发银行、中国农业发展银行等政策性银行与其他类型的金融机构先后成立扶贫金融事业部,通过多种途径积极推进金融扶贫工作。同时,不断创新金融工具,先后推出小额信贷、村级发展互助资金、供应链金融等金融产品,在扶贫开发进程中发挥积极作用。但就现状而言,仍然存在金融基础设施薄弱、金融服务能力不足等问题亟待解决。

一、改革开放以来我国金融扶贫的演化历程

　　改革开放 40 年来,我国致力于经济发展和社会全面进步,在全国范围内开展大规模扶贫工作,力争全面消除农村贫困现象。中国经济改革率先从农村展开,农村经济发展水平不断提高。但在农村人口多、农业底子薄的初始条件制约下,一开始只能实施以物资和资金直接输入的单纯救济式扶贫,缓解贫困人口暂时性的生活困难。随着经济发展水平提升和综合国力增强,我国扶贫开发工作逐渐从救济式扶贫转为开发式扶贫。党的十八大以后开始实施精准扶贫战略,扶贫工作整

体上呈现出较为明显的阶段性特征。这一过程中,金融机构发挥了积极作用,在不同时期的扶贫工作中均扮演重要角色。金融支持扶贫政策经历了以单一的扶贫贴息贷款为主、扶贫贴息贷款和小额信贷政策相结合以及综合利用多种扶贫政策几个时期①。随着扶贫进程的不断推进,金融产品也从单一信贷到多元金融工具组合、从政策主导到政府市场双轮驱动、从支持区域经济发展到瞄准个体精准扶贫等。金融工具随着形势变化不断得到改进和创新,中国特色社会主义金融扶贫理论与实践也不断得到充实与丰富。

(一) 1979—1985 年:扶贫开发引入信贷政策

从 1978 年开始,以家庭联产承包责任制为代表的农村改革使农村居民初步解决温饱问题。农业连续丰收、粮食储备较为较足,为解决贫困问题提供了一定的物质基础,我国政府也开始着手解决农村贫困问题。1979 年 9 月党的十一届四中全会通过《中共中央关于加快农业发展若干问题的决定》,强调要坚定不移地执行以农业为基础的方针。为适应农村信贷事业发展的需要,该文件提出由中国农业银行统一管理支农资金,积极做好农村信贷工作,有计划地发放专项长期低息或微息贷款。并规定国家支援穷队的资金,必须保证用于生产建设。同时,提出扶贫政策目标主要关注老、少、边、穷等地区的贫困问题。为加强领导,设立专门委员会,统筹规划和组织力量,从财政、物资和技术上给这些地区以重点扶持,通过帮助发展生产来摆脱贫困。

1984 年,中共中央、国务院发布《关于帮助贫困地区尽快改变面貌的通知》。明确提出,改变贫困地区面貌的根本途径是依靠当地人民自己的力量。要按照所在区域的特点,因地制宜、扬长避短,充分利用当地资源发展商品生产,增强本地区经济的内部活力。同时,对贫困地区进一步放宽政策、减轻赋税,加大教育投资和加快基础设施建设进程。并划定 18 个集中连片贫困特区,通过采取直接转移资金、以工代赈等

---

① 杨穗、冯毅. 中国金融扶贫的发展与启示[J]. 重庆社会科学,2018(6):58—67

方式予以重点扶持。

1985年,《中共中央、国务院关于进一步活跃农村经济的十项政策》颁布实施,该文件明确国家对农业的计划管理,将从过去主要依靠行政领导转变到主要依靠经济手段。对乡镇企业实行信贷、税收优惠,鼓励农民发展采矿和其他开发性事业。对饲料工业、食品工业、小能源工业的投资和其他乡镇企业的技术改造费,在贷款数额和利率上给予优惠。同时,该文件明确提出放活农村金融政策,提高资金的融通效益。信用社实行独立经营,自负盈亏。所组织的资金,除按规定向农业银行交付提存准备金外,全部归自己使用。在保证满足社员农业贷款之后,可以运用余款经营农村工商信贷业务。这些政策的实施,为农村金融市场的发展提供了便利条件。

同年颁发实施了《关于扶持农村贫困户发展生产治穷致富的请示的通知》[①],该文件将扶贫工作纳入农村经济和社会发展总体规划中,为贫困户发展生产、治穷致富创造条件。该通知要求,将扶贫贷款单列科目。在同等条件下,对贫困户应予以优先照顾,自由资金比例可适当降低,贷款期限可以适当延长。并规定如果贫困户付不起利息,可以用救济或者其他财力贴息等方式进行补助。

(二) 1986—1993年:金融扶贫工作的启动期

这一阶段,我国政府正式开始实施大规模的反贫困计划,并开始引入信贷扶贫政策。同时,涉农金融服务机构、农村合作基金会以及农村资金互助社等农村小微金融机构也得到初步发展,对于促进贫困地区减贫脱贫发挥了积极作用。

1986年,《关于一九八六年农村工作的部署》作为中央一号文件印发实施。该文件提出从实际出发,分级负责、分批治理,将重点放在尚未解决温饱的最困难地区,通过拨付专项资金等方式采取有效措施,走

[①] 国务院批转民政部等部门关于扶持农村贫困户发展生产治穷致富的请示的通知[NB/OL]. 国务院网站, http://www. gov. cn/zhengce/content/2016-10/20/content_5122367. htm

上能利用本地资源优势、自力更生发展生产、改善生活的道路。同年，为加强对贫困地区经济发展工作的指导，国务院贫困地区经济开发领导小组成立，该机构主要职责是拟定贫困地区经济开发的方针、政策和规划，协调解决开发建设中的重大事项，尽快提升贫困地区经济发展水平。

同年，我国开始推行扶贫贴息贷款，为贫困地区具有正常劳动能力的人群提供扶贫贴息贷款，帮助他们发展生产、增加收入。扶贫贴息贷款政策的实施，在一定程度上缓解贫困地区农户和企业对资金的需求，对于减缓贫困起了一定的作用，这也可以视为我国金融扶贫进程的正式启动。在贴息贷款和其它配套扶贫措施的支持下，贫困地区发展了一批以当地优势资源为基础、具有一定规模的商品生产基地，同时在贫困户中培养了一批技术和管理能人①。

1989 年 3 月，中国扶贫基金会成立，属于由国务院扶贫办主管的非营利性社会组织，管理海内外扶贫捐赠基金的独立社会团体法人，接受海内外政府、组织、团体、企业和个人提供的资金、物资捐赠及技术援助。该基金会的宗旨是扶持贫困地区和人口改善生产条件、生活条件、健康条件并提高其素质和能力，实现脱贫致富和持续发展②。基金会的援助型项目以直接援助为主要形式，有针对性地解决贫困的四大成因，即健康与卫生、教育与成长、社区与生计、灾害救援等方面开展援助项目，扶持贫困地区改善生产条件，以及改善贫困人口的生活条件、健康条件并提高其素质和能力。

在这期间，我国对面向贫困地区和扶贫对象的贴息贷款的条件进行适当调整。之前的扶贫贴息贷款主要是直接或间接提供给贫困户，但由于贷款偿还率较低，1989 年之后贷款主要对象调整为贫困地区经济实体（企业）。为确保企业利益能够流向贫困人口，规定此类经济实体的新增员工中必须至少有一半来自贫困家庭③。

---

① 吴国宝. 扶贫贴息贷款政策讨论[J]. 中国农村观察，1997(4)：7—13
② 资料来源. 中国扶贫基金会网站[NB/OL]. www. cfpa. org. cn/about/constitution. aspx.
③ 国家统计局农村社会经济调查总队主编. 中国农村贫困监测报告 2000[R]. 北京：中国统计出版社，2000：54

总体来看,这一时期开发式扶贫战略的确立对金融产生制度需求。我国建立了面向贫困地区的正规扶贫金融供给体系,并开展扶贫贴息贷款业务。在各级政府推动下,同时试行农业保险补偿制度,取得良好成效。中国农业保险公司于 1982 年开展试点工作,到 1992 年已在全国 2000 多个县设立了业务机构,从业人员达 3 万多人,在乡镇设立上万个专职和兼职的保险代办站[①],初步形成了农业保险服务体系。

(三) 1994—2012 年:金融扶贫的探索与发展期

这一阶段,金融扶贫机构呈现政策性、商业性、合作性金融机构等多元化主体并存的局面,并尝试性地探索扶贫小额信贷模式,进一步改善贫困地区基本生产与生活条件。1994 年 2 月 28 日至 3 月 3 日召开的全国扶贫开发工作会议,公布实施《国家"八七"扶贫攻坚计划》,提出由中国农业发展银行执行扶贫贷款政策,集中用于中西部深度贫困地区。同时,要求国有商业银行每年安排一定信贷资金,有选择地对贫困地区进行项目贷款扶持,探索可行的扶贫贷款模式。这次会议上,国务院决定从 1994 年到 2000 年,每年增加 10 亿元以工代赈资金、10 亿元扶贫专项贴息贷款,从而有效弥补了扶贫资金的不足。

1995 年 2 月,"国务院扶贫办外资项目管理中心"[②]成立。该机构主要职责是充分利用国内外资金、信息、技术及管理经验,面向广大贫困地区和贫困人口,提高贫困人口的收入水平,提升贫困地区经济、社会和环境的可持续发展和贫困群众内生发展能力。

在这一阶段,小额信贷作为金融扶贫的重要方式逐渐在扶贫工作中得到应用。扶贫小额信贷模式于 1997 年开始得到正式推广,主要通过政府扶贫办下设的扶贫社代替农发行办理发放。2001 年颁布并实施的《中国农村扶贫开发纲要(2001—2010 年)》,提出在确保资金安全的前提下继续扩大扶贫贴息贷款投放量,并积极稳妥推广扶贫小额信贷。

---

① 胡旭方. 略论我国农业保险存在的若干问题[J]. 财经研究,1992(1): 23—26
② 该机构于 2015 年更名为"中国扶贫发展中心"。

2006 年,为解决农村地区金融供给不足、竞争不充分、银行业机构网点覆盖率低等问题,银行监管机构调整放宽农村地区银行业金融机构准入政策,村镇银行等新型农村金融机构开始建立和发展。2008年,国务院扶贫办下发《关于全面改革扶贫贴息贷款管理体制的通知》,对扶贫贴息贷款管理体制进行改革,总体思路是政府引导下的市场运作,尊重银行业金融机构的自主经营地位,鼓励自愿按商业原则参与扶贫贷款工作。通过下放管理权限、引入竞争机制等方式,逐步探索建立风险防范和激励约束机制。将扶贫贷款和贴息资金直接管理权限由中央下放到省,其中发放到贫困户的贷款和贴息资金管理权限下放到县。

同年,党的十七届三中全会发布《关于推进农村改革发展若干重大问题的决定》,明确提出建立现代农村金融制度。在此背景下,金融扶贫体系进一步完善,不仅引入政策性银行、商业银行、信用合作社等各类金融机构,而且在扶贫贴息贷款和扶贫小额信贷的基础上,还引入了扶贫再贷款和农业保险,金融扶贫从单一的信贷扶贫向信贷与保险联合扶贫转化。

2011 年,《中国农村扶贫开发纲要(2011—2020 年)》颁布实施,对未来十年的扶贫工作进行总体部署。该纲要提出把稳定解决扶贫对象温饱、尽快实现脱贫致富作为首要任务,更加注重转变经济发展方式,更加注重增强扶贫对象自我发展能力。《纲要》进一步强调了金融支持在扶贫工作中的重要性,要求积极推动贫困地区金融产品和服务方式创新,通过推广小额信用贷款来努力满足贫困人口进行生产活动的资金需求。同时,要求尽快实现贫困地区金融机构空白乡镇的金融服务全覆盖。

(四) 2013 年以来:金融扶贫模式的创新与深化

党的十八大以后,我国扶贫开发战略和政策发生重大调整,扶贫工作迈入精准扶贫的新阶段,改变过去的区域贫困瞄准机制,建立直接瞄准贫困人口的精准扶贫机制。为适应新形势下金融扶贫工作的新要求,中国人民银行、国务院扶贫办等国家相关部门先后出台一系列金融支持扶贫开发的政策和具体举措,不断创新金融扶贫的方式与方法。

中国人民银行等部门于 2014 年 3 月联合发布《关于全面做好扶贫开发金融服务工作的指导意见》，提出扶贫开发金融服务工作的总体规划及重点领域。要求合理配置金融资源，创新金融产品和服务，完善金融基础设施，优化金融生态环境，积极发展农村普惠金融。同时提出，要力争贫困地区每年各项贷款增速高于当年贫困地区所在区域各项贷款平均增速，新增贷款占所在区域贷款增量的比重高于上年同期水平。在此基础上，金融扶贫水平明显提升。到 2020 年，具备商业可持续发展条件的贫困地区基本实现金融机构乡镇全覆盖和金融服务行政村全覆盖，建成多层次、可持续的农村支付服务体系和完善的农村信用体系。

2015 年 11 月，中共中央、国务院颁布实施《关于打赢脱贫攻坚战的决定》，将精准扶贫、精准脱贫确定为国家农村扶贫的基本方略。进一步明确了财政部门、中央银行等金融管理部门以及各类商业性、政策性、开发性、合作性金融保险机构支持脱贫攻坚的具体任务。

党的十八届三中全会明确提出发展普惠金融。为贯彻这一战略，2015 年 12 月国务院印发《推进普惠金融发展规划（2016—2020 年）》，从普惠金融服务机构、工具创新、基础设施、法律法规和教育宣传等方面提出一系列具体措施和保障手段，确保满足人民群众日益增长的金融服务需求。同时，提出让包括贫困人口等在内的弱势群体及时获取价格合理、便捷安全的金融服务，将发展普惠金融帮助贫困地区减贫脱贫提升至国家扶贫战略的层面。

2016 年 3 月，中国人民银行等下发《关于金融助推脱贫攻坚的实施意见》，紧紧围绕"精准扶贫、精准脱贫"基本方略，从准确把握总体要求、精准对接多元化融资需求、大力推进普惠金融发展、充分发挥各类金融机构主体作用、完善精准扶贫保障措施和工作机制等方面提出金融助推脱贫攻坚的细化落实措施。在此基础上，对深入推进新形势下金融扶贫工作进行具体安排部署。提出全力推动贫困地区金融服务到村、到户、到人，努力让有金融服务需求的贫困人口都能便捷地享受到优质金融服务，全面提升金融扶贫的有效性。

2016 年 9 月，中国证监会印发《关于发挥资本市场作用服务国家脱贫攻坚战略的意见》，积极探索资本市场的普惠金融功能与机制，发挥证券期货行业优势。提出优先支持贫困地区企业利用资本市场资源，拓宽直接融资渠道，提高融资效率，降低融资成本，不断增强贫困地区自我发展能力。《意见》还要求证券行业各类帮扶主体与贫困村和建档立卡贫困户紧密衔接，建立带动贫困人口脱贫挂钩机制。鼓励证券公司开展专业帮扶，通过组建金融扶贫工作站等方式结对帮扶贫困县，与当地政府建立长效帮扶机制，帮助县域内企业规范公司治理，提高贫困地区利用资本市场促进经济发展的能力。鼓励上市公司、证券公司等市场主体设立或参与市场化运作的贫困地区产业投资基金和扶贫公益基金。

2017年12月，中国人民银行等四部委印发《关于金融支持深度贫困地区脱贫攻坚的意见》，要求金融部门把金融服务和资金优先满足深度贫困地区、新增金融服务优先布设深度贫困地区。同时，提出要进一步拓宽国库直接支付惠农资金种类和范围，完善贫困农户直接补贴机制，保障各类补贴资金安全及时足额发放到位。适时开展国债下乡，为深度贫困地区农户提供安全可靠的投资渠道，提高财产性收入水平。此外，强调要拓宽深度贫困地区直接融资渠道。对深度贫困地区符合条件的企业首次公开发行股票，加快审核进度，适用"即报即审、审过即发"政策。支持深度贫困地区符合条件的企业在全国中小企业股份转让系统挂牌，实行"专人对接、专项审核"，适用"即报即审，审过即挂"政策。通过这些措施的实施，最大限度解决贫困地区产业发展的资金瓶颈问题。

为在脱贫攻坚关键时期进一步发挥金融机构的作用，2018年颁布实施的《中共中央、国务院关于打赢脱贫攻坚战三年行动的指导意见》进一步明确提出，要加强扶贫再贷款使用管理，优化运用扶贫再贷款发放贷款定价机制，引导金融机构合理增加对带动贫困户就业的企业和贫困户生产经营的信贷投放。支持国家开发银行和中国农业发展银行进一步发挥好扶贫金融事业部的作用。同时，积极支持贫困地区金融服务站建设，推广电子支付方式，逐步实现基础金融服务不出村。支持贫困地区开发特色农业险种，开展扶贫小额贷款保证保险等业务，探索发展价格保险、产值保险、"保险＋期货"等新型险种。

二、我国在金融扶贫领域实施的主要政策及成效

近年来,我国政府进一步加大金融扶贫的制度创新和管理方式创新,提高资金使用效率,扩大金融实际供给,实现金融扶贫机构的多元化、扶贫方式的多样化和金融扶贫协调机制的精准化,在一定程度上满足了贫困地区精准扶贫的金融需求。

(一) 不断提升涉农金融服务的层次与水平

总体而言,我国金融扶贫政策的演变大致经历了以单一的扶贫贴息贷款为主、扶贫贴息贷款和小额信贷政策相结合以及综合利用多种扶贫政策三个时期,涉农金融扶贫的层次与水平也不断提升。1982 年开始,我国老少边穷地区开始推行经济贷款与农村财产保险,是当时最早运用的金融扶贫工具。1986 年后,多维度的扶贫专项贴息贷款体系逐步成熟,成为最具代表性的金融扶贫工具。1990 年后,正规金融和非正规金融两个体系的小额信贷不断创新发展,持续探索针对贫困农户个体的信贷模式。截至 2017 年 12 月,我国扶贫小额信贷余额2496.96 亿元,扶贫项目贷款余额 2316 亿元[①],为贫困人口日常生活与生产经营活动的正常开展做出了重要贡献。

通过信用信息评定农户信用等级,政府与金融机构共享信用信息,双方可以共同构建以服务体系监控、项目资金监管、保险跟进防范、风险共担缓释等机制为主要内容的风险防控体系。在此基础上,联合核心企业进行帮扶,形成"核心企业＋各级金融机构＋合作社"的模式,形成覆盖"项目—融资—生产—销售"全流程的扶贫服务模式。行业监管部门通过多种渠道大力支持贫困地区企业利用多层次资本市场融资。

---

① 资料来源:中国银行业社会责任报告[NB/OL].中国银行保险监督委员会网站,http://www.cbirc.gov.cn/cn/index.html

如证监会对贫困地区企业申请首次公开发行股票并上市的,开辟绿色通道。在满足一定条件的情况下,适用"即报即审、审过即发"政策,被市场称为"IPO"扶贫①。这项政策的实施,有助于贫困地区企业做大做强,从而推动产业的规模化发展,增强区域经济发展的竞争力。

2016 年 4 月,银监会批复同意国家开发银行和农业发展银行设立扶贫金融事业部,重点支持精准扶贫方略实施和贫困地区基础设施建设等领域,提升金融扶贫的专业化水平。同年 9 月,中国邮政储蓄银行"三农"金融事业部成立,重点服务农业产业化、农村基础设施、新农村建设等领域,并做好金融扶贫工作。

在此基础上,以农村非银行小额贷款组织为代表的非正规金融凭借其门槛低、交易费用少、方便快捷等优势,为难以通过正规金融服务体系获取信贷资金的部分农村贫困人口提供了重要的资金支持。这有利于丰富农村金融组织机构和产品,弥补正规金融体系服务层次和结构上的缺位,激活了农村金融市场,在支持贫困人口开展农业生产经营实现脱贫方面起到积极作用。

(二) 通过多元化金融工具增强贫困人口内生动力

改革开放 40 年来,我国在金融领域以信贷扶贫、保险扶贫、资本市场扶贫等手段,通过支持贫困户创业、帮助贫困户提高抗风险能力、拓宽贫困户收入来源等举措,进一步增强贫困户"自我造血"功能。从信贷、保险和证券期货三个市场领域对金融扶贫工具演化脉络来看,改革开放 40 年来,我国金融扶贫工具运用呈现出了从单一信贷到多元创新、从政策主导到政府市场双轮驱动、从支持产业带动到针对个体精准扶贫等特征。党的十八大以来,随着扶贫力度加大,参与扶贫进程的金融机构增多,券商、期货公司等都通过各种方式参与金融扶贫。

近年来,我国金融扶贫手段由单一信贷扶贫逐渐转变为信贷扶贫、保险扶贫、资本市场扶贫等方式协同推进。金融扶贫的重点不仅在于

---

① 杨穗、冯毅. 中国金融扶贫的发展与启示[J]. 重庆社会科学,2018(6):58—67

增加农民收入,而且还在于推动贫困地区生态建设、环境保护、产业结构升级、基础设施建设等。金融扶贫旨在培育"造血机制",增强贫困地区和扶贫对象的内生发展能力。其中,扶贫贴息贷款政策是资金投入量最大的专项扶贫计划,也是应用时间最长的金融扶贫政策①。扶贫贴息贷款发放形式主要包括贷款到户、贷款给企业或合作社、基础设施建设扶贫贷款等。

国家开发银行通过发行债券将短期、零散的居民储蓄和社会资金转化为长期、大额资金,整合扶贫专项资金,支持贫困地区农村公路、易地搬迁、安全饮水等建设。在此基础上,2017 年通过银行业务网点发行易地扶贫搬迁专项柜台债券,募集的资金将全额用于国开行易地扶贫搬迁贷款项目,涉及河南、湖北、广西等 8 个省区共 18 个易地扶贫搬迁项目,涵盖建档立卡贫困人口约 65 万人次②。

(三) 通过优化金融扶贫体系不断扩大覆盖面

我国金融扶贫体系由政策性金融、商业性金融和合作性金融组成,金融扶贫开发体系逐渐完善,形成各种类型的金融机构协调配合、共同参与的金融扶贫新格局。

政策性金融扶贫,是指在精准扶贫过程中,以国家信用为基础,按照国家法律限定的业务范围、经营对象,以优惠性存贷利率,直接或间接为满足扶贫开发具体政策的需要,而进行的一种特殊性资金融通行为。这种方式不考虑金融机构自身的成本和经济效益,把实现预期扶贫目标作为主要目的。

商业性金融扶贫,是指在精准扶贫过程中,运用市场运行规则,引导资源合理配置和资金合理流动所产生的一系列商业性金融活动的总称。这种模式按照市场法则,遵循安全性、流动性、盈利性等信贷资金

---

① 孙同全、刘建进. 中国金融扶贫的历程与展望. 中国扶贫开发报告(2016)[R]. 北京:社会科学文献出版社,2016:159—177
② 资料来源:国务院扶贫办网站[NB/OL]. http://www.cpad.gov.cn/art/2017/4/13/art_34_61886.html

的"三性"原则,兼顾精准扶贫预期目标与利润最大化的经营目的。尽管由于扶贫工作的特殊性,金融机构参与扶贫开发具有一定的公益性特征,但在此过程中也必然有自身的利益诉求,这也能确保其参与这一过程的长期性。

合作金融组织,是一种互助互济的经济组织,宗旨是向社员提供金融服务,维护成员的经济利益。合作金融与商业金融最大的区别在于不以逐利性为目标,主要采取互助性的资金融通方式为个体提供金融服务。精准扶贫过程中的合作性金融方式,一般指农村微型金融,包括小额信贷和小额保险等。从性质上来看是一种专门向低收入者、微型企业提供的小额度金融服务的金融机构,是针对农村金融市场发展滞后、农民特别是贫困户难以获得有效金融扶贫而兴起的金融形式。

在我国金融扶贫实践中,这三种类型的金融机构均发挥着重要的作用,其模式与特征如表3.1所示。同时,它们也通过各种方式进行协调与相互配合,共同推动金融扶贫进程不断深入。

表3.1　不同类型金融扶贫机构及基本特征

金融机构类型		基本模式	特点	主要机构
商业性金融机构	大型商业性金融机构	机构＋龙头企业＋贫困户	直接、简捷	国有控股与参股银行
	微型商业性金融机构			村镇银行、小额贷款公司
政策性金融机构		直接投资	政策性为主,兼顾经济利益	政策性银行
微型金融组织		通过合作、互助方式	需要进一步规范运行方式	各类合作经济组织

三、我国金融扶贫实践中采用的主要模式与案例

从各地扶贫实践历程来看,金融扶贫主要包括合作金融、金融机构

主导扶贫、政府主导金融扶贫、新型金融扶贫等模式。

(一)我国金融扶贫的主要方式

从实践看,我国金融扶贫的主要方式有以下四种:

一是发放扶贫专项贴息贷款。主要是给贫困地区的企业和农户以及其他地区贫困人口提供生产性周转资金的信贷扶贫项目。这项贷款所需信贷资金由中国人民银行每年专项安排,由中国农业银行经营并专项管理,并由中央财政补贴大部分利息。专项贴息贷款是有偿、有息资金,坚持有借有还、到期归还和群众借款自愿、银行贷款自主等基本原则,并依法签订借款合同,保证借贷款双方合法权益,确保贷款的使用效益和安全。

二是对贫困地区提供信贷支持。针对贫困地区制定差异化信贷支持政策,信贷资金主要投放到集中连片贫困地区的基础设施建设、特色产业发展和生态环境保护等领域。如湖南省《关于支持深度贫困地区脱贫攻坚的实施方案》明确提出拓宽产业扶贫融资渠道,在加大财政支持力度的基础上,进一步加大金融支持力度,针对深度贫困地区制定差异化信贷支持政策①。湖北省《深度贫困地区脱贫攻坚实施方案》规定,每个深度贫困县每年扶贫再贷款不低于 1 亿元,同时全面落实"十万元以内、三年期限、无担保、免抵押、全贴息、基准利率"扶贫小额信贷政策,推广"政银企保农"五位一体模式,进一步加大金融支持扶贫力度②。

三是改善贫困地区金融基础设施。包括在有条件的地区增加金融机构营业网点,加大 ATM 机、基层金融服务点的分布密度,进一步完善支付结算体系。不断营造良好的信用环境,优化支付服务环境,进一步完善信用评价机制。同时,强化金融消费者权益保护,严厉打击金融欺诈、非法集资等非法金融活动,严格扶贫项目贷款审批管理,避免假

---

① 湖南确定 11 个深度贫困县　重点攻克脱贫攻坚中的堡垒[NB/OL]. 湖南省政府网站, http://www.hunan.gov.cn/hnyw/zwdt/201803/t20180304_4965601.html

② 湖北省扶贫攻坚领导小组关于印发《湖北省深度贫困地区脱贫攻坚实施方案》的通知[NB/OL]. 湖北省扶贫办网站, http://fpb.hubei.gov.cn/xxgk/gfwj/gfxwj/36970.htm

借扶贫名义违法违规举债融资上其他项目,切实防范金融风险。

四是金融支持产业发展。通过金融支持贫困地区优势产业发展,加大扶贫产业培育力度,拓宽产业扶贫融资渠道。通过金融支持鼓励龙头企业到深度贫困地区投资办厂,积极推进乡村产业扶贫,进一步拓宽贫困人口就业渠道,带动贫困户脱贫致富。湖南、湖北、广东等省份结合国家相关政策,纷纷出台文件要求用好国家对深度贫困地区企业上市的倾斜政策,推进资本市场服务产业扶贫。

(二) 金融扶贫的主要模式

1. 合作金融模式

从运行方式来看,目前我国农村合作金融主要有以下两种运行方式:

一是互助担保模式。由村级组织或者村经济合作社发起设立村级互助担保组织,金融办负责审批和监管,并在政府主管部门登记注册为非企业单位。互助担保组织设立担保基金,基金来源于村民、村集体或者相关企业以及政府财政投资。互助担保组织与相关银行建立合作关系,在合作银行设立账户,存入担保基金。农户有资金需求时,首先向互助担保组织提出申请。互助担保组织审核通过后,与农户签订贷款反担保协议书,并提供同意担保的承诺书。合作银行根据同意书,为农户办理贷款手续,并给予贷款农户享受优惠的贷款利率。此外,农民专业合作社还可以通过社员共同出资建立担保基金,为社员贷款提供担保服务,与银行建立合作关系,银行在基金基础上放大授信额度。

二是资金互助模式。这是一种互助性的资金融通方式,由农民专业合作社、社员等共同出资组建资金互助会或者资金互助社,社员间开展基本合作,在合作社内部成员之间调剂资金余缺,实现组织内部资源优化配置的一种金融手段。资金互助模式在我国最早可以追溯到2004年的吉林省四平市梨树闫家村8户农民首创农民资金互助合作社。安徽省黄山市2015年成立供销农副产品专业合作社联合社,坚持社员制与封闭性、区域性和安全性原则,在吸收社员时,严格审查社员资格。这种模式下,只在社员内部开展互助资金交存和借款业务,不对外吸收存款,也不对外借款和提供担保①。通过不同个体间的互助合作,解决合作社生产经营资金需求。这种互助组织不仅可以从事资金的融通活动,它还可以涵盖包括生产、销售环节的综合服务功能。

2. 金融机构主导的扶贫模式

政策性银行从 2000 年开始在金融扶贫中扮演重要角色。具体包括提供各种周期长的贷款支持贫困地区基础建设以及发放助学贷款、利用金融债等形式融资等。支持周期长、回报低的基础建设贷款,对贫困县的基础建设支持包括道路、饮水、旧房改造等方面。此外,我国政策性银行及开发性金融机构还发放债券,定向用于发放易地扶贫搬迁贷款,支持易地扶贫搬迁。如 2016 年中国农业发展银行湖南省分行对湖南省易地搬迁共授信 141 亿元,易地扶贫搬迁专项基金 20 亿元②。

党的十八大以来,国家开发银行以助学贷款为抓手支持教育扶贫,五年助力 637 万名学生上学,累计发放助学贷款 808 亿元、支持学生近1300 万人次。中国农业发展银行除了支持基础建设,还支持可以产业的发展,例如电商、光伏、旅游等产业扶贫。

进出口银行向小微企业提供可统借统还的金融产品,有效解决了小微企业实力不足所产生的困难。截至 2017 年 4 月末,进出口银行一共为 182 个重点扶贫项目提供了贷款支持。扶贫范围广泛,覆盖了全国26 个省区,带动了几十万农户脱贫。此外,平安银行水电扶贫模式受到联合国工发组织国际小水电中心的认可。平安银行成立扶贫金融办公室,与全国 6 家水电公司展开合作,项目覆盖长江和珠江两大水系,资金投入达 28 亿元,惠及 10 万余建档立卡贫困户,构建起集"基建、供能、赋能、造血"为一体的水电扶贫生态圈。通过支持水电建设,为当地二、三产业提供基本能源。同时通过提供资金、技术、销路和培训,为村集体经

① 资金互助的"黄山模式"[NB/OL]. 人民网, http://ah. people. com. cn/n/2015/0910/c373106-26313147. html

② 数据来源:国家扶贫办网站[NB/OL]. www. cpad. gov. cn/art/2016/12/26/art_5_57722. html

济赋能。建档立卡贫困户不仅可以获得务工机会、分红、农产品销售收入，还可以不断提升生产技能，增强贫困人口参与经济过程的能力[①]。

3. 政府引导下的多主体金融扶贫模式

该模式是在政府引导下，针对贫困地区产业发展现状及金融需求，政银联动并且多方风险共担参与，以达到合作共赢的效果。2017年11月，国务院扶贫办在河南三门峡市全国金融扶贫现场观摩会，推广河南卢氏县金融扶贫试验区建设经验[②]。与会人员认为这种模式克服了贫困户融资难、融资成本高等难题。贷款对象是农户、合作社和龙头企业，破解的难题是农村金融发展成本高、风险大、信用差、机构少和需求弱，突出特点是金融服务、信用评价、风险防控、产业支持四大体系，目标追求是服务有平台、信用可评估、风险可把控、成本可降低，最终形成"三级联动、政银融合"的金融服务体系。

4. 新型金融扶贫模式

在金融扶贫过程中，一些金融机构充分利用互联网和大数据技术发展新型金融扶贫模式，在一定程度上实现优势互补、信息共享、风险共担。该模式利用农村电商快速发展的优势，搭建金融扶贫对接平台，充分发挥电商平台拉动效应明显、市场化可持续的优势，调动扶贫对象主动脱贫致富的积极性。如中国建设银行结合贫困地区产业发展现状，组织开展线下金融服务对接和线上涉农产品采购相结合的推介活动，完善金融服务、电商销售、公共事务办理等在业务上的有机融合，形成村级事务办理、扶贫贷款管理、农村助农取款、电商线下产品展示交易等环节的良性互动，以"金融＋互联网＋电商"为载体探索帮扶贫困人口的新途径。此外，部分网络企业还将互联网技术引入和融入到小微企业特别是贫困地区的涉农企业，满足这些企业日常生产经营活动对于资金的需求。同时，以当前快速发展的农村电商便利店为依托，整合贫困户授信评级、农户贷款需求等级、助农取款、涉农补贴领取发放

[①] 资料来源：国务院扶贫办网站，http://www.cpad.gov.cn/art/2019/5/30/art_34_98575.html

[②] 全国金融扶贫现场观摩会在我省召开[N].河南日报，2017－11－17

等功能,建立集多项业务于一体的电商金融服务点,进一步扩大贫困地区金融服务的覆盖面。

四、目前我国金融扶贫领域仍然存在的主要不足

经过几十年来的改革和发展,我国金融扶贫政策越来越完善,扶贫手段也更为成熟,在扶贫攻坚工作中发挥越来越重要的作用。但就现状而言,面对自身发展与扶贫开发的双重目标,农村金融扶贫整体效率不高,一些金融机构对脱贫攻坚的战略意义认识不深。未从经济发展、拓展市场和业务转型的全局来考虑金融扶贫工作,只是将传统的金融产品与服务从城市直接转移到农村,具体业务没有完全结合农村地区的实际情况,也没有考虑新时期贫困人口的真正需求,导致金融扶贫成效受到一定影响。

(一)金融基础设施仍然较为薄弱

随着收入水平提升和扶贫进程的深入,扶贫对象对优质金融服务的需求日益增加,但现有金融基础设施仍较为薄弱,难以完全满足贫困人口的需求。首先,贫困地区信用体系建设不完善。由于农村特别是贫困地区居民居住分散,信息相对闭塞,信息收集困难。由于农户经济状况、信用记录、生产生活情况很难被及时有效记录,个人征信系统覆盖面不广,收集的信息内容不全,尚未建立起规范的信用管理制度,导致部分贫困人口市场契约精神比较欠缺。

其次,农村市场流转体系不健全。农村居民特别是贫困人口可以用于抵押物品的足值性、变现能力等有限,农村信用体系差、农户缺乏优质的抵押资产是农村居民特别是贫困人口难以获取足额信用贷款的重要原因。农村各类产权确认、登记、评估、抵押、流转机制等尚未完全建立,动产与不动产抵押等相关金融业务难以得到推广,直接影响扶贫对象的信贷额度,也是近年来涉农贷款增速放缓的重要因素。此外,贫困地区易地扶贫搬迁、特色主导产业发展、基础设施建设需要的贷款期

限都较长,除中国农业发展银行、国家开发银行等政策性银行和中国农业银行等提供长期贷款外,其他扶贫金融机构提供的中长期贷款较少,金融产品的贷款期限与生产周期错配现象较为严重。

(二) 面向贫困人口的金融服务能力有待提升

金融扶贫不能仅仅局限于扩大面向贫困人口的信贷规模,更需增强贫困地区和扶贫对象的内生发展能力,因此金融扶贫的具体措施应有高度的精准性。金融扶贫在本质上是一种金融活动,而传统的金融活动在实践中由于利润目标导向难以做到处处精准,金融扶贫措施的精准性有待加强。此外,从现状来看,金融机构在县域以下的基层网点布局较少,全国范围内的金融机构空白乡镇大多数位于地理位置偏远的贫困地区,金融服务难以深入服务贫困地区,对贫困人口金融需求的信息难以准确了解和掌握,导致相当比例的贫困人口难以获得有效的金融服务。同时,涉农金融机构在扶贫实践中较少运用大数据、区块链等现代技术手段,也是精准性欠缺的重要原因。既容易导致金融扶贫措施偏离预期目标,而且一旦出现问题,相关主体的责任也很难进行明确的界定和追究。

由于贫困地区多集中在偏远地区,交通不便,自然条件较为恶劣,基础设施建设落后,贫困人口居住分散等不利条件造成金融机构的贷前调查和贷后管理成本高、难度大,贷款审批程序也因此非常严格。许多有金融需求的贫困人口因事前对申请贷款的要求和流程不了解,常常需要多次往返于家庭和金融机构之间。一些贫困村距离附近最近的金融机构都要两三个小时的车程,多次往返增加贫困农户获得金融产品和服务的成本。其次,贫困人口的金融需求多具有"小、急、频"的特征,而银行的审批周期却相对较长,两者的不匹配也不利于贫困农户申请贷款来及时开展生产经营活动。此外,当前各类金融机构面向贫困人口提供的金融产品主要以短期的小额信贷产品为主,难以满足农户多元化的生产生活所衍生的金融需求,也是农村金融产品结构性供给失衡的重要原因。

（三）贫困人口金融意识薄弱，自主参与度不高

调研中发现很多贫困人口对银行贷款都持有相对极端的态度，有些贫困农户将银行贷款等同于高利贷，因担心无法还本付息就不主动去申请信贷，只是等着政府无偿发放扶贫救助资金。或者将银行贷款视为政府无偿给予的资金，不需要归还，造成农村金融市场违约率偏高。此外，相当比例的贫困人口申请贷款的目的主要是用于子女教育、修建房屋等非生产性用途，而真正将贷款用于生产经营活动从而实现增收脱贫的贫困人口占比较少。

由于政府宣传不到位，不少贫困人口对金融扶贫政策及其具体实施措施和条件缺乏了解，造成贫困农户参与度偏低，金融扶贫效益受到一定程度的影响。此外，虽然在一些村落设有金融助农便民服务点，但是由于现阶段留守在农村的贫困人口多数受教育水平较低，金融消费技能落后，不会使用金融服务点的现代机器设备，金融机构又缺乏相应的宣传、教育和引导，导致一些地区的金融便民服务难免会流于形式，制约了金融扶贫的最终效果。

（四）不同主体之间缺乏有效的沟通与协调机制

在高效运转的金融扶贫框架体系下，金融扶贫政策和贫困人口的金融需求应实现无缝对接，这样才能确保金融扶贫政策的制定满足贫困人口的实际金融需求。但在金融扶贫实践中，由于缺乏独立的专门机构或有效沟通机制，向上反映贫困农户真实的金融需求及意见，向下指导金融扶贫政策的落实，造成部分金融扶贫政策并不符合贫困人口的实际状况，与贫困人口的实际金融需求存在偏差，导致一些具有较好预期的金融扶贫政策难以落到实处。政府内部缺乏有效的沟通机制和合理有效的扶贫绩效考核机制，基层扶贫部门在对金融扶贫政策的具体实施中出现理解偏差。在具体金融扶贫实践中，一些机构只是遵从政府督导型原则，被动完成政府扶贫任务，如扶贫信贷指标的发放等，忽视对不同的贫困户具体的金融需求进行精准识别。结果造成金融资

源的供需匹配出现偏差,使金融扶贫的瞄准度降低。

　　另外,由于金融扶贫政策在末端推进时存在调整空间,部分政策执行者为谋求本地区、本部门利益或基于个人利益最大化的考虑,致使有利就执行、无利就变形等偏离忠实执行的现象时有发生,导致金融扶贫政策"最后一公里"问题的出现。另一方面,由于金融机构与其他参与主体之间协调性欠缺,金融扶贫措施的精准性有待加强。截至 2016 年末,全国金融机构空白乡镇仍有 1296 个,其中大多数位于地理位置偏远的贫困地区,导致部分贫困人口难以获得有效的金融服务。涉农业务难以深入贫困地区,难以准确了解和掌握贫困人口的金融需求信息。既容易导致金融扶贫措施偏离预期目标,也不利于对资金运用与项目管理等领域的监管,一旦出现问题,相关主体的责任也很难进行明确界定。纵观各阶段金融扶贫政策文件,对由于金融扶贫政策执行不力而导致金融扶贫效率低下的行为,并没有做出具体的责任认定及追究的规定,相配套的问责制度设计有待进一步加强。

第四章

以人民为中心的发展思想及对
金融扶贫的内在要求

以人民为中心的发展思想开拓了马克思主义发展的新境界,集中体现了无产阶级政党全心全意为人民谋解放的初心和使命,成为习近平新时代中国特色社会主义思想的重要组成部分。坚持以人民为中心的发展思想,就应积极回应人民群众的期待和诉求,让人民群众切实享受到发展的成果,这与精准扶贫的精神实质相一致。让贫困人口与广大人民群众一起共享经济与社会发展的最新成果,是坚持以人民为中心的发展思想的重要体现,这既是精准扶贫的根本价值所在,也是在金融扶贫实践中必须要遵循的基本原则。

习近平总书记在党的十九大报告中把坚持以人民为中心确定为新时代中国特色社会主义的基本方略,提出必须坚持以人民为中心的发展思想,不断促进人的全面发展、全体人民共同富裕。其基本内涵包括价值取向是坚持发展为了人民,核心思路是坚持发展依靠人民,根本目的是坚持发展成果由人民共享等层面。从实践来看,中国特色社会主义建设和发展的全过程,也就是坚持和推进以人民为中心的发展思想的过程[1]。

---

[1] 韩喜平.坚持以人民为中心的发展思想[J].思想理论教育导刊,2016(9):25—27

一、以人民为中心的发展思想的形成与发展

以人民为中心的发展思想,是从马克思主义基本原理出发,对中国现代化实践经验的理论总结,进一步回答了"发展为了谁,发展依靠谁"的问题,深化了马克思主义群众史观。在经济与社会发展实践中强调人民的主体性、人民共建和人民共享,这是对中国以往传统物本导向的经济发展模式的反思和纠偏,提出的是经济发展的价值取向问题,特别是经济发展要实现以人民为中心应该采取何种措施,从而通过推进以人民为导向的经济与社会层面的改革,构建人与经济、社会、自然协调发展的格局,从更实质层面推进人的全面自由发展进程[①]。因此,以人民为中心的发展思想的提出,丰富了中国特色社会主义理论体系,有利于推进国家治理体系现代化进程。

(一) 以人民为中心的发展思想的理论渊源

坚持以人民为中心的思想发端于马克思主义理论,来源于马克思主义的历史唯物观。人类社会发展的历史已经证明,广大人民群众是社会和历史的推动者与创造者,是社会发展和人类进步的主体性力量。一直以来,人类社会的发展过程就是人类努力追求自身发展和实现自我解放的过程。马克思主义是致力于人的解放、人的自由而全面发展、强调人民主体性地位的学说。实现人的解放是马克思的毕生追求,人的自由而全面的发展是马克思主义探讨的终极命题[②]。马克思认为人类社会发展的根本动力是生产力与生产关系、经济基础与上层建筑的矛盾运动,而人是生产力中最活跃、最革命的因素。始终同人民在一起,为人民利益而奋斗,是马克思主义政党同其他政党的根本区别。正

---

① 王政武. 劳动主体地位回归:以人民为中心经济发展的逻辑及路向[J]. 内蒙古社会科学(汉文版),2017(1):99—106
② 蒋玲、赵汇. 透视新发展理念的内在旨归—以人民为中心发展思想研究[J]. 学习论坛,2019(7):64—71

如习近平总书记所强调的,马克思主义之所以具有跨越国度、跨越时代的影响力,就是因为它植根人民之中,指明了依靠人民推动历史前进的人间正道[①]。马克思主义以人民为中心的价值观赋予了无产阶级政党凝聚人心、团结人民、共谋发展的力量源泉。

以人民为中心的发展思想的理论渊源主要体现在两个方面:一是人民是推动发展的根本力量的唯物史观,二是实现共同富裕这一中国特色社会主义的根本原则和本质特征[②]。任何实践都是现实的、长期从事生产活动的人的实践,具体来说是人民群众的实践。这就决定了人民是社会历史的主体和创造者。马克思从社会存在决定社会意识的基本观点出发,认为社会历史首先是物质资料生产者的历史,人民群众是创造历史的主体,没有人民群众的劳动和创造就不可能有人类历史的发展。第一次在人类历史上科学地解决了人民群众在历史上作用的问题,确立了科学的群众史观,也成为新时期我国坚持以人民为中心的发展思想的理论来源。

(二)新中国成立以来以人民为中心的发展思想的形成与发展

新中国成立后,我国几代领导人坚持人民的中心和主体地位,不断探索切实可行的经济与社会政策。毛泽东同志曾经指出:"共产党人的一切言论行动,必须以合乎最广大人民群众的最大利益,为最广大人民群众所拥护为最高标准。"[③]在这一思想引导下,毛泽东等中国共产党人时刻把人民利益放在首位,带领人民推翻了三座大山的压迫,实现了民族独立和人民解放。邓小平把共产党员的含义或任务概括为:"全心全意为人民服务,一切以人民利益作为每一个党员的最高准绳。"[④]江泽民同志提出"三个代表"重要思想,并把全心全意为人民谋利益作为建设有中国特色社会主义全部工作的出发点和落脚点。胡锦涛同志提出以人

---

① 习近平. 在纪念马克思诞辰 200 周年大会上的讲话[M]. 北京:人民出版社,2018:8
② 蔡昉. 坚持以人民为中心的发展思想[N]. 人民日报,2016 - 8 - 3
③ 中共中央文献编辑委员会. 毛泽东选集:第 3 卷[G]. 北京:人民出版社,1991:1096
④ 中共中央文献编辑委员会. 邓小平文选:第 1 卷[G]. 北京:人民出版社,1993:257

为本的思想,强调要尊重人民主体地位,坚持全心全意为人民服务并始终把最广大人民的根本利益作为党和国家工作的根本出发点和落脚点。

一个以人民为中心的执政党,追求实现以人民为中心的奋斗目标,必然会开展以人民为中心的社会实践。十八大以来,以习近平总书记为核心的党中央坚持人民群众是历史的创造者,尊重人民的主体地位,始终相信人民,紧紧依靠人民,充分调动广大人民群众的积极性、主动性和创造性,为引导广大人民群众为过上更加美好的生活而努力奋斗。

在涉及人民利益的各个领域,特别是经济社会和民生领域,习近平总书记总是旗帜鲜明地强调以人民为中心的工作导向。2013 年 8 月,习近平总书记在全国宣传思想工作会议上提出"树立以人民为中心的工作导向"的重要论断。"以人民为中心的发展思想,不能只停留在口头上、止步于思想环节,而要体现在经济社会发展各个环节[1]。"这是十八大以后习近平总书记首次在实践层面强调工作导向问题,以人民为中心的发展思想从理念层面推进到实践层面。

以人民为中心是以习近平同志为核心的党中央鲜明的价值理念。这一价值理念贯穿于治国理政的全过程,并有三种实现形态。一是实践形态,践行以人民为中心的工作导向,不断把治国理政新实践推向纵深,取得了实践新成就。二是理论形态,秉承以人民为中心这个马克思主义政治经济学的根本立场,形成和发展了中国特色社会主义政治经济学,开创了理论新篇章。三是思想形态,把理论发展和实践发展统一起来,不断推动思想升华,最终形成了指导发展实践的以人民为中心的发展思想[2]。2015 年 2 月 27 日,在中央全面深化改革领导小组第十次会议上,针对我国改革发展中存在的不平衡问题,习近平总书记明确提出,要"把改革方案的含金量充分展示出来,让人民群众有更多获得感"[3]。在庆祝中国共产党成立 95 周年的大会上,习近平总书记庄严

---

[1] 习近平总书记重要讲话文章选编[G]. 北京:中央文献出版社,2016:401
[2] 李冉. 深刻认识和把握以人民为中心的发展思想[J]. 马克思主义研究,2017(8):26—32
[3] 习近平. 科学统筹突出重点对准焦距让人民对改革有更多获得感[N]. 人民日报,2015-2-28

宣示了中国共产党的执政立场。他指出,"人民立场是中国共产党的根本政治立场,是马克思主义政党区别于其他政党的显著标志"①。以人民为中心的发展思想得到进一步深化,各级政府在实践中坚持这一发展思想,始终把人民立场作为根本政治立场,在经济与社会发展层面上把人民利益摆在至高无上的地位,实现好、维护好、发展好最广大人民的根本利益。

二、以人民为中心的发展思想的基本内容

在革命、建设、改革各个历史时期,中国共产党都始终坚持紧紧依靠人民,坚持人民的主体地位。坚持以人民为中心是新时代坚持和发展中国特色社会主义的根本立场。对于全党,习近平总书记提出,"为人民服务是共产党人的天职""民心是最大的政治""党的一切工作,必须以最广大人民根本利益为最高标准"②。经济发展以人民为中心要努力做到经济发展要为人的发展服务、保证经济发展成果由人民共享的价值取向。在经济与社会发展的实践过程中,让全体人民享有更多、更直接、更实在的获得感、幸福感、安全感,不断促进人的全面发展,努力实现共同富裕的伟大目标。

(一) 努力解决人民最关心最直接的利益问题

党的一切工作,必须以最广大人民根本利益为最高标准。检验一切工作的成效,最终都要看人民是否真正得到了实惠,人民生活是否真正得到了改善,人民权益是否真正得到了保障③。坚持以人民为中心的发展思想,就是要将人民放在心中最高位置,把人民利益摆在至高无上的地位。人民是社会实践活动的主体性力量、推动性力量,是推动发展的根本力量,实现好、维护好、发展好最广大人民根本利益是发展的

---

① 习近平. 在庆祝中国共产党成立 95 周年大会上的讲话[N]. 人民日报,2016 - 7 - 2
② 习近平. 在纪念毛泽东同志诞辰 120 周年座谈会上的讲话[N]. 人民日报,2013 - 12 - 27
③ 王明生. 正确理解与认识坚持以人民为中心的发展思想[J]. 南京社会科学,2016(6): 1—5

根本目的，更是社会主体得以发展壮大的基本条件。因此，增进人民福祉、促进人的全面发展是发展的出发点和落脚点。

习近平总书记强调："发展为了人民、发展依靠人民、发展成果由人民共享。"这一思想反映在具体实践中，就是要在经济、政治、文化、社会、生态等各个方面为人的发展创造良好的公共条件，深化对马克思"每个人的自由发展是一切人的自由发展的条件"①这一论述的认识，开辟马克思主义发展观中国化的新境界②，体现人民共享发展成果的利益分配导向。

坚持发展为了人民，首先要倾听人民的声音，将人民最迫切的诉求和最关心的社会利益问题作为发展过程中必须及时解决的重要内容。住房、教育、就业、医疗等一直以来都是人民群众最关心的重大问题，解决好这些问题，有助于提高人民的生活质量和幸福感。因此，需要坚持一切从实际出发，在深入调查研究的基础上采取相应措施，着力打通服务群众"最后一公里"。做到发展上惠民，牢固树立新发展理念，在国民经济高质量发展的同时，不断回应群众关切。

我国发展进入新阶段，改革已进入攻坚期。面对发展难题，我们要发挥人民群众的创造性，激发生产生活动力。发展要以人民的具体评价为衡量标尺，要深入了解人民群众的期待和声音，以人民的满意度来检验发展成效。同时，要将改革开放 40 年来的发展成果更多更公平惠及全体人民，首先要抓住人民最关心、最直接、最现实的利益问题，特别是社会保障和民生问题，这体现了以人民为中心的利益保障的具体举措。在实践中需要坚持不断完善基本经济制度和分配制度，努力构建以权利公平、机会公平、规则公平为重要内容的社会保障体系，增强人民群众的获得感。

（二）有效扩大发展的覆盖面

以人民为中心的发展思想，核心是促进人的全面发展。人的全面

---

① 马克思恩格斯选集(第 1 卷)[M]. 北京：人民出版社，2012：422
② 桑明旭. 在唯物史观中准确把握以人民为中心的发展思想[J]. 求索，2019(4)：23—30

发展和全面发展的人,都不是抽象的、玄奥的概念,而表现为具体的人和实在的利益。党的十八届五中全会提出共享发展理念,强调发展成果由人民共享,指明了我国社会主义现代化建设的价值取向,体现了我们党全心全意为人民服务的根本宗旨,是社会主义的本质要求和社会主义优越性的集中体现。因此,必须要扩大发展的覆盖面,让全体居民在各领域均能得到全面发展。

一是发展的主体要全面,不能有缺位。就覆盖面而言,发展成果由人民共享中的"人民",指的不是少数人,也不是一部分人,而是全体人民。人民是历史的创造者,是生产力的主体。习近平总书记提出,衡量一名共产党员、一名领导干部是否具有共产主义远大理想,是有客观标准的,那就要看他能否坚持全心全意为人民服务的根本宗旨。只有做到"发展为了人民",发展才能依靠人民。如果发展的成果只是由少数人享有,这样的发展自然得不到人民的衷心拥护和支持,更不能激发广大人民的创造力①。目前,我国还存在着一定数量的贫困人口,他们是全面发展的重点人群弱势群体。必须要落实以人民为中心的发展思想,着力解决好特定人群的实际困难,坚决打赢扶贫攻坚战,不能让任何群体在发展过程中掉队。

二是发展的领域要全面,不能有短板。发展成果的共享首先是物质层面的共享,使全体居民拥有较高的生活水准。但不能仅仅停留在这一层面,还应该注重在政治、文化、社会、生态等各个层面让人民公平合理地共享发展的权利、机会和成果,避免在某一方面出现不足。要实现全面小康的目标,全面推进"五位一体"总布局,以回应人的全面需求。因此,需要针对当前发展中存在的不足之处,坚持新发展理念,大力推进生态文明建设,树立和践行"绿水青山就是金山银山"的发展理念,坚持节约资源和保护环境的基本国策,实行最严格的生态环境保护制度,形成绿色发展方式和生活方式,坚定走生产发展、生活富裕、生态

---

① 曾正滋.以人民为中心:彰显新发展理念的价值自觉和自信[J].当代世界与社会主义,2019(3):90—97

良好的文明发展道路。

（三）把人民群众对美好生活的向往作为奋斗目标

"人民对美好生活的向往,就是我们的奋斗目标。"这是习近平总书记代表新一届中央领导集体对人民的庄严承诺。坚持以人民为中心的发展思想,最终要体现在发展成果的分配上,保证人民切实从发展中得到实惠,发展成果确实惠及全体人民。中国近代以来的历史进程表明,中国共产党在革命、建设和改革的不同历史时期,始终站在人民的立场上,充分体现和表达人民群众的意志和利益,把人民的根本利益作为一切工作的出发点和归宿。在具体实践中一切为了人民、一切相信人民、一切依靠人民,诚心诚意为人民谋利益。

改革开放以来,党的几代领导集体对人民主体性的认识与理念一脉相承、与时俱进,坚持以人民为中心的发展思想和人民利益至上的价值追求,其最终目的都是为了人民,使人民群众能够共享改革发展成果,实现共同富裕。当前,中国特色社会主义进入新时代,坚持以人民为中心的发展思想,"让老百姓过上好日子是我们一切工作的出发点和落脚点",必须要倾听人民在新时期的呼声、回应人民期待、保证人民各项权益,争取不断实现好、维护好、发展好最广大人民的根本利益。只要人民群众特别是贫困人口对幸福生活的向往还没有变成现实,就要毫不懈怠团结带领群众一起奋斗。要把人民对美好生活的向往作为奋斗目标,努力实现经济、政治、文化、社会和生态的和谐发展,把我国建成富强民主文明和谐美丽的社会主义现代化强国,进而实现人的自由全面发展。

"人心是最大的政治。"[1]在发展过程中,必须要耐心倾听人民声音,通过各种渠道与平台,深入了解民意、民情,汇聚人民群众的智慧和力量,把增强人民幸福感、促进人的自由而全面的发展作为一切工作的出发点和归宿。在此基础上,努力实现经济高质量增长和可持续发展,同时不断致力于政治文明、生态文明以及社会文化建设,通过多层面满

---

[1] 习近平关于协调推进"四个全面"战略布局论述摘编[M].北京:中央文献出版社,2015:157

足人民群众对美好生活的向往。这既体现了对马克思主义唯物史观的继承与发展,又彰显了对中国共产党人民利益至上观念的诠释与坚守[①]。

三、以人民为中心的发展思想与精准扶贫的内在一致性

发展为了人民,是以人民为中心的发展思想的重要内容,回答了发展的根本目的是什么。坚持这一思想,就是在发展目的上坚持一切为了人民,在发展主体上坚持一切依靠人民,在发展成效上坚持一切由人民检验。消除贫困、公平正义,是中华民族千百年来的梦想,是我们党始终为之奋斗的目标。精准扶贫是中国社会主义经济发展过程中为最广大人民群众实现共同富裕、全面建成小康社会的发展过程和具体实践,这与以人民为中心的发展思想具有高度的契合性。在全面建成小康社会的伟大事业中,没有贫困人口的脱贫,就无法实现发展成果由全体人民共享。习近平总书记在党的十九大报告中指出:"深入开展脱贫攻坚,保证全体人民在共建共享发展中有更多获得感,不断促进人的全面发展,全体人民共同富裕。"因此,以人民为中心的发展思想,与精准扶贫在发展理念上是完全一致的。

(一) 精准扶贫就是要提升人民群众的生活水平

以人民为中心的发展思想是对以往发展思想的继承和发展,防止与克服因过于强调经济发展而牺牲人民利益的失衡状况,更好顺应人民群众对美好生活的期待,提高经济发展质量和发展效益,实现经济的可持续发展与绿色发展。习近平总书记指出:"要坚持人民主体地位,全面提高人民生活水平,顺应人民群众对美好生活的向往,不断实现好、维护好、发展好最广大人民根本利益,做到发展为了人民、发展依靠

---

① 付海莲、邱耕田. 习近平以人民为中心的发展思想的生成逻辑与内涵[J]. 中共中央党校学报,2018(4):21—30

人民、发展成果由人民共享。"①

　　总体而言,我国居民的物质生活水平在整体上已经得到很大程度提升,但仍然存在着发展不平衡的现象,城乡之间、不同区域之间存在着较大差异。基于这一形势,党的十九大提出,我国社会主要的矛盾已经是人民日益增长的美好生活需要和发展不平衡不充分间的矛盾。一些偏远地区的物质文化生活还比较落后,需要加大帮扶力度,改善贫困地区和贫困人口的生活水平。精准扶贫模式就是在以人民为中心发展思想指导下针对新的发展形势,对扶贫工作的运行机制进行调整和优化。目的在于更好落实发展为了人民、发展依靠人民、发展成果由人民共享等发展理念,把人民作为贫困治理的最根本推动力、最持久动力和最终受益主体②。从长远角度考虑来提高贫困人口的物质与文化生活水平,逐渐消除发展不平衡不充分的问题,这也是解决我国现阶段社会主要矛盾的重要途径。

　　与传统的粗放式扶贫方式不同之处在于,精准扶贫是根据贫困地区和贫困人口的致贫原因与发展现状,有针对性地采取相应的扶贫对策。其中,"精"是将扶贫目标和扶贫过程精细化、精确化,从提高贫困群众的内生动力出发,将扶贫的关键、侧重点弄清理顺,有针对性开展扶贫工作。"准"是根据不同地区、不同贫困人口的实际状况,提出并实施差异化的帮扶策略,使扶贫工作能够真正取得实效,从而全方位提高贫困人口的生活水平。

(二) 精准扶贫保障贫困人口的根本利益

　　精准扶贫坚持以人民实际需求为基础,优化精准扶贫目标和内容,围绕"扶什么"这一层面,在完善基础设施、提升公共服务、培育增收产业、激发贫困群众内生动力等方面,采取切实有效的措施。通过专项扶贫资金、教育医疗保障、农村危房改造补助资金等转移支付政策的实

---

① 习近平谈治国理政(第2卷)[M].北京:外文出版社,2017:214
② 张立伟、王政武.以人民为中心的中国精准扶贫机制构建逻辑与路径再造[J].社会科学家,2019(3):44—51

施,加大对贫困地区和贫困人口的扶持力度,改善贫困地区的生产与生活条件,增强贫困人口的经济发展能力,拓展贫困群众的经济来源渠道。同时,公开扶贫项目,对扶贫对象公示,加强群众对扶贫工作的监督,确保扶贫资金使用效率与扶贫项目的有效推进,保障扶贫对象的各项利益不受侵害。在精准扶贫过程中,还逐步建立了以社会保险、社会救助、社会福利制度为主体,以社会帮扶为辅助的综合保障体系,为完全丧失劳动能力和部分丧失劳动能力且无法依靠就业帮扶脱贫的贫困人口提供兜底保障。并且进一步加大临时救助力度,及时将符合条件的返贫人口纳入救助范围。这些都最大限度维护了贫困人口的根本利益,充分体现了以人民为中心的发展思想。

此外,通过深入认识精准扶贫面临的新形势及需要完成的新任务与新要求,不断强化金融扶贫的精准性、有效性和持续性。通过对市场供给和政府引导双重优势的有效整合,充分调动贫困人口的内在驱动力,最大限度缩小扶贫实际成效与政策预期之间的差距,确保如期完成精准扶贫预定目标,为在新时期有效解决"三农"问题奠定坚实的物质基础。同时,顺利实现精准扶贫与乡村振兴战略之间的有效衔接,最大限度保障贫困人口的根本利益。

(三) 在精准扶贫实践中坚持以人民为中心

实践是检验真理的唯一标准。以人民为中心的发展思想只有落实到实践中,才能发挥其作为意识对物质的能动反作用。发展为了人民,是以人民为中心的发展思想的重要内容。贫困人口是最需要维护并保障其根本利益的弱势群体,精准扶贫就是把最实在的利益带给真正需要的群体,这是践行以人民为中心的发展思想的最好诠释。社会主义制度的性质以及党的宗旨,决定经济发展的根本目的是为了人民,这也体现在包括扶贫工作在内的经济社会发展各个环节。

在理论上,"发展为了人民,这是马克思主义政治经济学的根本立场"[①]。实践中,坚持以人民为中心的发展思想,就要坚持发展的目的是为了人民、发展的手段要依靠人民、发展成果由人民共享,把实现人民幸福作为经济发展的目标和归宿,这也是精准扶贫理念的内在价值所在。精准扶贫将贫困人口的可持续发展作为工作重点,更加注重帮扶的长期效果,厚实稳定脱贫、逐步致富的基础,从而增强扶贫对象的获得感与幸福感。

2015年6月,习近平总书记在部分省区市脱贫攻坚与"十三五"时期经济社会发展座谈会上的讲话中指出:"对不同原因、不同类型的贫困,采取不同的脱贫措施,对症下药、精准滴灌、靶向治疗。"[②]精准扶贫在实践中可以有效解决以往的粗放式扶贫方式中的不足之处。一是可以更加精准识别扶贫对象。针对之前扶贫方式存在着的帮扶目标偏离、精准度不高这一问题,精准扶贫对贫困户作认真的甄别,做到扶持对象精准、措施到户精准,使真正的贫困人口实现全部受益,少数不符合条件的人无法获得收益。精准扶贫使对象更明确,实现扶真贫与真扶贫。

二是扶贫资金的使用更加科学。改变资金分配上存在的均摊的倾向,资金使用精准,使有限的资源真正用在"刀刃"上。坚持贫困瞄准方法和实践的统一,真正把贫困人群纳入扶贫的框架,有效提升了扶贫效果。三是有利于彻底改变贫困地区和贫困户形成"年年扶年年贫"、脱贫后又返贫的现象,使贫困问题从根本上得到解决,实现脱贫工作的可持续发展。这些都充分体现出精准扶贫在实践中就是坚持以人民为中心的发展思想,有利于如期实现全面建成小康社会的奋斗目标。

四、坚持以人民为中心的发展思想对金融扶贫实践的基本要求

随着扶贫进程的不断深入,需要更加突出以人民为中心的发展思想,进一步提升扶贫政策成效,实施更为有效的具体措施。习近平总书

---

① 习近平总书记谈共享[N]. 人民日报,2016-3-3
② 攻克最后堡垒习近平发出脱贫"总动员令"[EB/OL]. 人民网,http://politics. people. com. cn/n1/2016/0806/c1001-28616185. html.

记在党的十九大报告中指出,"让贫困人口和贫困地区同全国一道进入全面小康社会是我们党的庄严承诺,要动员全党全国全社会力量,坚持精准扶贫、精准脱贫,坚持中央统筹省负总责市县抓落实的工作机制,强化党政一把手负总责的责任制,坚持大扶贫格局,注重扶贫同扶志、扶智相结合,深入实施东西部扶贫协作,重点攻克深度贫困地区脱贫任务,确保到 2020 年我国现行标准下农村贫困人口实现脱贫,解决区域性整体贫困,做到脱真贫、真脱贫"①。这对金融精准扶贫提出新的更高要求,需要坚持以人民为中心的发展思想,深入贯彻创新、协调、绿色、开放、共享发展新理念,实现金融要素供给与扶贫对象需求的有效衔接。

(一) 准确把握金融扶贫的精神实质和价值依托

消除贫困是社会主义制度的本质要求,脱贫攻坚是全面建成小康社会的"底线任务"。有效解决贫困问题、推动扶贫对象脱贫致富进程是实现为人民服务宗旨、解决人民群众实际困难的现实要求。因此,金融扶贫必须要坚持以人民为中心的发展思想,在金融支持扶贫工作的进程中实施更加有效的制度安排,切实做到以扶贫对象为中心。习近平总书记指出,要"努力解决群众的生产生活困难,坚定不移走共同富裕的道路"。需要根据现有条件把能做的事情尽量做起来,让人民群众有获得感,这也是在物质与精神上满足人民对美好生活向往的具体化。在金融扶贫实践过程中,坚持以人民为中心的发展思想,必须要在对金融扶贫内在价值有充分认识的基础上,提供更为精准的金融服务,增强扶贫对象的内生动力与可持续发展能力。

在金融扶贫实践中,要坚持问题导向与结果导向相结合,扶贫具体措施要精准消除贫困群众致贫因素,努力做到经济发展成果由包括贫困人口在内的全体居民共同分享,让贫困人口在经济与社会发展进程中获得应有收益。金融扶贫要切实成为真正保障贫困地区人民群众平

---

① 习近平.决胜全面建成小康社会夺取新时代中国特色社会主义伟大胜利—在中国共产党第十九次全国代表大会上的报告[M].北京:人民出版社,2018

等享受经济发展成果的运行机制,在扶贫过程中注重维护贫困人口的根本利益,作为新形势下进一步优化金融扶贫方式的出发点和和落脚点。

要让人民共享引领金融扶贫的实际成果,需要解决两大难题。一是在精准扶贫过程中,针对城乡二元体制、地区发展不平衡、贫困村和非贫困村的政策差异等问题,如何通过金融支持更好消除贫困群众参与经济发展、分享经济发展成果的障碍。二是如何让精准扶贫特别是金融扶贫工作能有效促进社会的公平和正义。让人民群众感受到公平正义,让贫困人口共享生存发展权利和改革开放成果[①]。因此,一方面要坚持问需于民、问计于民,充分发挥人民群众的积极性、主动性和创造性,为金融扶贫营造良好的人人参与、人人尽力的社会氛围。在扶贫过程中,做到"每项改革落实要有时间表、路线图,跑表计时,到点验收"[②]。以抓落实、见成效为结果导向,一件事情接着一件事情完成,确保实现预期目标。同时,以金融机构设立在贫困地区的惠农服务点为支撑,健全功能完备的金融服务生态圈。积极融合地方政府的政务、电商等服务功能,进一步提升面向贫困地区和贫困人口的金融服务能力和水平,推动金融扶贫过程中各参与主体之间形成相互尊重、相互体谅、相互支持的良好氛围。

(二) 针对贫困人口的差异性需求提供精准的金融服务

扶贫对象及其致贫原因是否能够精确锚定,一直是扶贫工作中的难点和努力改进的方向。从全国范围来看,一些地区特别是欠发达省份针对贫困人口金融服务的专业化层次仍然偏低,而且不同地区之间的差异也较大,导致金融扶贫的精准性有待提升,需要参与人员付出更多努力和精力投入。因此,应进一步完善金融机构与金融从业人员参与扶贫进程的激励机制,解决专业机构与从业人员数量不足、水平偏低等制约因素,充分发挥相关经济主体服务于金融扶贫领域的积极性与

---

① 尚雪英.精准扶贫的精神实质:以人民为中心[M].兰州学刊,2018(4):202—208
② 习近平:投入更大精力抓好改革落实 压实责任提实要求抓实考核[EB/OL].新华网, http://www.xinhuanet.com//politics/2016-12/30/c_1120224288.htm

主动性。

在此基础上,围绕服务理念、业务水平与现代信息技术应用等方面加大培训力度,提高金融从业人员在数据搜集与整理、金融工具运用、精准服务扶贫对象等方面的专业素质和技能水平。在全面推进贫困识别和建档立卡工作的基础上,针对贫困人口致贫原因与发展现状,提出有针对性的解决措施,为贫困人口提供更为优质的金融服务,从根本上解决贫困地区金融供给与需求不相匹配的问题,进一步提升金融扶贫工作的绩效水平。

同时,只有树立正确的目标导向,问题导向才能精准。增进人民福祉、促进人的全面发展,是以人民为中心的发展思想的目标导向。从宏观上看,在扶贫过程中问题导向就是"贫困人口关心什么、期盼什么,金融扶贫就要抓住什么、推进什么"。从微观上看,问题导向就是从具体问题入手,"贫困人口想什么、我们就干什么",从贫困人口最关心最直接最现实的利益需求入手解决实际困难。因此,需要坚持问题导向与目标导向相结合,准确定位贫困人口生活与生产经营的需求至关重要。

(三) 进一步增强贫困人口的主体性意识

金融扶贫工作不仅要增加贫困户的经济收入,而且还应结合当地的地方文化和自身价值观,深入了解贫困家庭的精神文化层面以及心理需求。因此,必须坚持人民主体地位,牢固树立以人民为中心的发展思想,充分调动最广大人民的积极性与主动性。在金融扶贫过程中,要尊重人民首创精神,具体说来就是尊重人民所表达的意愿、所创造的经验、所拥有的权利、所发挥的作用。坚持群众路线,在本质上体现的是马克思主义关于"人民群众是历史的创造者"这一基本原理,是对人民首创精神的最大尊重。新中国成立以来的发展历程表明,没有人民群众的参与和支持,任何改革和发展都不可能取得成功。依靠人民推动发展,关键是把人民动员和组织起来,投身到党领导的伟大事业中去。同样,只有调动贫困人口参与的主动性与积极性,精准扶贫工作才能顺利实现预期目标。

　　贫困群众是金融扶贫的主体,政府和金融机构等实际上是外在的支持者和辅助者,必须要培养扶贫对象的主体性和独立自主性,增强其内生发展动力,遏制和防止返贫现象的出现。因此,在物质性的补贴或者直接扶持的方式的基础上,还应建立长效运行机制来推动扶贫进程。在解决暂时性经济困难的基础上,切实改善贫困地区基础设施条件,将金融扶贫与教育扶贫有机结合,增强扶贫对象应对市场风险的能力与水平。同时,通过建立正向激励引导机制,不断提升贫困地区的经济发展水平与扶贫对象的内生发展能力,从根本上解决制约贫困人口长期发展的主要问题,有效遏制返贫现象,实现贫困地区经济与社会的可持续发展。

(四) 进一步完善面向贫困人口的兜底保障机制

　　坚持以人民为中心的发展思想,必须站在新的历史定位,以满足贫困人口最基本的生活和发展需求为出发点,在发展中破解各种矛盾与难题,确保贫困人口的基本生活水平。在现有社会保障的基础上,根据当地经济承受能力与贫困人口的实际情况,对有特殊困难的贫困户以资金补贴、免费服务、兜底保障等方式提供实质性救助,维持其最基本的生活水平,实现"两不愁、三保障",即不愁吃、不愁穿,基本医疗、最低收入、养老有保障。同时,进一步健全社会保障制度,加大医疗保险和救助力度,扎实做好敬老、助残工作,兜住筑牢贫困群众的民生底线。

　　此外,针对贫困人口在新时期的各种诉求,进一步提升贫困地区基础设施水平,完善面向扶贫对象的公共服务体系。坚持将扶贫开发与农村发展、乡村振兴进行统筹安排,按照习近平总书记"扶贫工作要同做好农业农村农民工作结合起来,同发展基本公共服务结合起来,增强农业综合生产能力和整体效益"①这一重要指示,充分考虑将消除绝对贫困与缩小收入差距有机结合、提升贫困人口收入水平的近期目标与

---

① 习近平在湖南考察时强调:深化改革开放推进创新驱动实现全年经济社会发展目标[EB/OL].新华网,http://www.xinhuanet.com/politics/2013-11/05/c_118018119.htm.

实现共同富裕最终目标有机结合对公共服务体系的内在要求,以公共空间和集体生活为载体,以利益协调和情感认同为条件,提升农村公共活动的数量和质量,促进城乡基础设施互联互通。在资金投入、措施保障、资源配置等方面优先向贫困地区倾斜,从保障和改善民生做起,做好普惠性、基础性的民生建设,满足扶贫对象多样化的民生需求,给贫困人口带来更多的获得感,为贫困地区经济发展由弱到强、扶贫对象脱贫致富提供良好的外部环境。

第五章

新时期优化金融扶贫运行机制的主要方式

在我国脱贫攻坚进程不断深入的新形势下,面对剩余贫困人口脱贫难度逐渐加大、脱贫任务更为艰巨这一现状,需要立足于全面建成小康社会的战略目标,针对新时期金融扶贫存在的不足之处,完善政府、金融机构、社会组织等协同推进的金融扶贫大格局。同时,根据以人民为中心的发展思想对金融扶贫的内在要求,充分激发金融扶贫各参与主体的内在动力,进一步优化金融扶贫运行机制。应坚持党对扶贫工作的领导,实现市场机制与政府作用的优势互补,在资金投入、措施保障、资源配置等方面进一步加大投入,在实现贫困人口脱贫致富的基础上进一步增强其可持续发展能力。

一、实现市场机制和政府作用的优势互补

党的十八届三中全会全面总结改革开放以来的历程和经验,明确提出"使市场在资源配置中起决定性作用和更好发挥政府作用。市场决定资源配置是市场经济的一般规律,健全社会主义市场经济体制必须遵循这条规律"①。这标志着社会主义市场经济发展进入新阶段。

---

① 中共中央关于全面深化改革若干重大问题的决定[NB/OL]. 国务院网站, http://www. gov. cn/jrzg/2013-11/15/content_2528179. htm

金融扶贫过程中,我国各级政府以其强大的政治动员能力和资源整合能力处于主导地位,在资源、政策及动员宣传等方面投入了巨大的人力、物力、财力。另一方面,金融要素对扶贫工作的支持,不能完全依靠行政手段,需要由市场机制发挥决定性作用,确保金融资源能够获得合理回报。因此,金融扶贫过程中需要正确处理政府与市场的关系,在充分发挥市场决定性作用的基础上。将市场机制与政策扶持有效结合,实现两种扶贫方式的优势互补,进一步提升金融扶贫的绩效水平。

(一) 充分发挥市场机制在金融扶贫中的作用

长期以来,政府作为扶贫工作的主导者,在脱贫实践中扮演着举足轻重的角色。但从现实看,仅靠政府单一的力量来推动脱贫攻坚,难以满足中国特色社会主义市场经济的发展要求。尽管扶贫从本质上而言是为解决市场失灵的问题,但在社会主义市场经济体制下,扶贫工作最终仍需通过市场体现其价值,并通过市场机制提升扶贫资源的运行效率。党的十九大报告强调,要坚持大扶贫格局,注重扶贫同扶志、扶智相结合,深入实施东西部扶贫协作。因此,在金融扶贫过程中,既要发挥政府的主导与引领作用,也需要充分发挥市场在资源配置中的决定性作用,强化金融机构主体功能,实现金融扶贫过程所投入资源的合理利用与优化配置。

社会主义市场经济条件下,市场对社会生产起决定性调节作用,市场在扶贫资源配置中拥有政府给予的合理的自主权。利用市场机制参与扶贫开发,意味着需要在扶贫过程中进一步释放市场配置资源的活力,拓展扶贫开发的资源渠道,发挥好市场的重要作用,弥补政府在脱贫攻坚过程中可能出现的低效率现象。运用市场这只"看不见的手"进行合理调配,通过经济增长惠及贫困人口,推动脱贫进程。

引导市场力量参与贫困治理的公共行为,促进社会治理中公共产品及公共服务的供给。重点是激励作为市场主体的各行业部门及金融机构与相关企业,实施支持贫困地区和贫困人口发展的政策和项目,积极承担改善贫困地区发展环境、增强贫困人口发展能力的任务。

坚持市场化运作机制,就是要使金融机构自己来决定的事情,政府不能随意干涉。如利率、信贷条件、信贷流程要按市场化的原则制定,使参与扶贫的金融机构有充分的选择权,要使他们能够在金融市场中具有一定的独立性,能够自负盈亏,获得收益的同时能够承担一定的信贷风险。

因此,需要各级政府制定更多的惠农政策,逐步放宽金融农村市场门槛,发挥多元化的市场力量,让更多的市场主体能够参与,推动农村金融扶贫进程。这就需要进一步健全金融扶贫的激励机制。在市场经济条件下,商业性金融机构的信贷扶贫是履行社会责任的自愿行为。国家除通过央行的窗口指导、道义劝告和政策工具来引导商业金融机构积极参与扶贫外,需要充分发挥差别存款准备金率、再贷款、差异化监管等政策的正向激励作用,引导信贷资源向贫困地区倾斜,确保金融机构等市场主体参与扶贫开发的积极性与长期性。

如可以针对贫困地区的商业银行、参与扶贫的存款性金融机构,采用定向降准,实施差异化管理,在法定存款准备金存缴等方面给予一定的优惠,增加金融机构扶贫信贷资金可使用规模。同时,加大对贫困地区商业银行扶贫再贷款的资金支持力度,降低扶贫再贷款利率。在保障贫困人口利益不受损害的基础上,协调好各主体之间的利益分配关系,进一步完善金融扶贫的利益分配机制。构建政府引导下的银行支持、保险参与的金融扶贫机制,更好发挥市场主体的作用,确保农户增收、金融机构受益,实现贫困地区产业与经济发展。完善市场主体与贫困主体之间的合作机制,促进利益链条各个环节的衔接,保证贫困人口在较低风险水平下实现一定的预期收益,促进合作双方的互惠互利,有效解决政策对市场主体的支持效益真正惠及扶贫对象与其他参与主体。

(二) 金融扶贫工作必须要继续强化政府责任

我国精准扶贫工作在制度设计和具体实践中,总体上还是将提升贫困人口的生活水平和发展能力作为政府扶贫的一个优先目标或主要产出①。因此,无论形势如何变化,扶贫过程中继续发挥政府主导作用具有必然性。扶贫开发纳入国家总体发展战略,优化脱贫攻坚政策的顶层设计,加强制度建设,进一步加强政府的引导作用。另一方面,政府能注重保持经济总量平衡,兼顾经济发展的效率与公平,促进经济结构协调和产业布局优化,有效衔接社会、市场、个人等各方资源。通过优化劳动力、资本、土地、技术等生产要素配置,增强对扶贫资源宏观调控的前瞻性和协同性。新时期的脱贫攻坚主战场在深度贫困地区,这些地区普遍内生脱贫能力不足,若缺乏政府的强力扶贫,则脱贫目标难以如期实现。

因此,金融扶贫领域同样要继续强化政府的主导作用。首先要加强制度体系建设,针对金融精准扶贫过程中已经和可能出现的各类问题,及时修改和完善涉及金融层面的法律规范,弥补现有制度的不足之处,使政府在制定具体措施时有法可依。其次,完善扶贫责任制。制定切实、有效、可行的包括协调机制在内的各项规定,形成有利于金融精准扶贫的运行机制并不断加以完善。

此外,需要构建金融扶贫领域的作风建设长效机制,切实转变扶贫工作作风,增强服务意识。为金融扶贫提供包括人力、基础设施及信息平台等在内的资源,通过不同区域信息的互联互通,及时了解和掌握金融扶贫整个过程的动态信息,为精准扶贫创造有利条件。对于规模大的投资项目,如果缺乏政府的合法性认可和引导,扶贫项目难以得到有效实施。

建立金融政策与财政政策的配套协调机制。金融扶贫和财政扶贫主要区别是金融资金的风险承受能力较低。财政资金可以不求回报地投入到一些收益不够稳定的早期扶贫项目中,但金融资金必须投入到具有一定规模、收益相对可靠、风险较低的项目上。财政政策直接支持贫困户在短期内可能会取得较为明显的成效,但长期而言不利于贫困

---

① 中国社会科学院扶贫开发报告课题组.扶贫蓝皮书—中国扶贫开发报告[M].北京:社会科学文献出版社,2017

人口金融意识的提升,容易造成贫困人口将金融资金与财政资金的属性混同的问题。因此,必须要实现两种政策的协调运用。

要明确财政政策的支持范围和支持能力,对于财政暂时难以解决的或不在解决权限范围内的,更多由金融政策来解决。因此,需要通过各种渠道对贫困地区的资金供需情况进行摸底,以更好地推动金融政策与财政政策配合。利用财政扶贫资金适度撬动社会资本支持扶贫项目,与金融机构合作,为贫困户设计扶贫资金管理专用卡,扶贫贷款的利息支付可以考虑由财政贴补。财政资金作为信贷资金的风险准备金,从而将更多财政资金用于精准扶贫贷款风险补偿。通过财政与金融政策的配合与协调,完善融资担保和风险补偿机制,有效分散金融机构经营风险,最大限度发挥投入扶贫领域的资金的使用效率。

二、加强党组织对金融扶贫工作的领导

社会主义制度的建立彻底改变无产阶级受剥削、受压迫的地位,为扶贫工作奠定坚实的制度基础。习近平总书记多次强调,要把扶贫开发同基层组织建设有机结合起来,抓好以村党支部为核心的村级组织建设[①]。在脱贫攻坚的关键阶段,需要进一步加强党对扶贫工作特别是金融扶贫工作的领导,充分发挥党的政治优势、组织优势和密切联系群众的良好作风,这也是在金融扶贫领域坚持以人民为中心的发展思想的组织基础。

(一) 加强党对金融扶贫工作领导的重要意义

习近平总书记指出,党对农村工作的坚强领导,是贫困地区走向富裕道路的最重要保证,是农村党组织的历史使命[②]。精准扶贫战略已被纳入到国家治理体系和治理能力现代化的进程之中,成为全面建成

---

① 中共中央党史和文献研究院. 习近平扶贫论述摘编[G]. 中央文献出版社,2018:32
② 习近平. 摆脱贫困[M]. 福州:福建人民出版社,1992:159—160

小康社会的关键环节,也与农村基层民主和基层治理能力提升与治理体系的完善密切相关。因此,加强新时期党对精准扶贫工作特别是金融扶贫工作的领导至关重要。社会主义市场经济条件下需要充分发挥中国共产党领导的政治优势和社会主义集中力量办大事的制度优越性,把强有力的组织领导作为实现扶贫目标的重要保证。

农村基层党组织是党的基层组织建设的实践者,是党联系群众的最直接的渠道,需要充分发挥其政治优势、组织优势和密切联系群众的优势,明确其在精准扶贫中的所需要承担的主要职责。就现状而言,贫困村往往是软弱涣散村,村党组织不健全、村集体经济薄弱等现象普遍存在。特别是经济发展水平较低的连片贫困区,一些基层党组织发展意识和服务意识淡薄,或者由于缺乏创新意识而导致执行力不足。因此,必须要在加强队伍建设、提升基层组织建设水平的基础上,不断强化基层党组织的战斗堡垒功能,充分发挥好示范引领、服务发展、桥梁纽带等职能。通过发动和引导群众,充分发挥农村基层党组织建设的引领力,激发广大党员干部和贫困人口的奋斗热情,将精准扶贫特别是金融扶贫工作具体措施落实落细。

农村基层党建的组织基础以及基层党员的先锋模范带头作用,为精准扶贫工作的有效开展提供强而有效的支撑力和带动力。而精准扶贫特别是金融扶贫政策带来的资源外溢和密切联系群众的机会也有利于提升农村基层党组织的权威性和治理能力[1]。两者相互促进,进一步凝聚农村社会的强大治理合力,也有利于通过金融扶贫工作进一步优化国家治理体系和提升治理能力与现代化水平。

在此基础上,进一步强化农村基层服务型党组织建设,提升农村基层党组织建设的凝聚力。教育和引导群众深刻认识完成脱贫攻坚预期目标的重大意义,把党员群众紧紧团结在党组织周围,坚定信念,增强农村居民全面脱贫、同步小康的信心。在扶贫实践过程中,勇于发挥先

---

[1] 张露露. 新时代农村基层党建与精准扶贫的互动及协同推进析论[J]. 理论导刊,2019(6):75—79

锋模范作用,克服贫困群众观念陈旧、缺少资金、不愿承担风险、不敢跟着干的困难,为金融扶贫取得预期成效奠定坚实的组织基础。

(二) 加强党对金融扶贫工作领导的主要方式

《中共中央、国务院关于打赢脱贫攻坚战三年行动的指导意见》明确提出,把脱贫攻坚战场作为培养干部的重要阵地,密切党同人民群众血肉联系,提高干部干事创业本领,培养了解国情和农村实际的干部队伍①。在金融扶贫过程中,应以此为指导思想,强化农村基层党组织领导核心地位,创新组织设置和活动方式,探索发挥各级党组织的统领、协调和保障作用,通过多种方式加强基层党组织特别是村级组织的规范建设,着力提升服务能力。

在具体实践中,要以习近平新时代中国特色社会主义思想为指导,坚持精准扶贫精准脱贫基本方略,加强贫困地区党组织建设。从党建带扶贫、扶贫促党建到实现党建与扶贫工作的协同推进。充分发挥农村基层党支部的作用,全面强化贫困地区农村基层党组织领导核心地位。以抓党建促脱贫攻坚为组织保证,切实提升贫困村党组织的组织力,真正把基层党组织建设成带领群众脱贫致富的坚强战斗堡垒。突出党组织政治属性和政治功能,认真落实组织群众、动员群众、教育群众、引领群众的重要责任,在干部队伍、资源整合、基础保障等方面加强建设力度,调动农村基层党组织和广大党员脱贫攻坚的主动性和积极性,发挥基层党组织对集体经济组织的领导核心作用。在此基础上教育引导村级其他组织自觉服从党的领导,支持其依法按章开展工作。

基层党组织是党的全部工作和战斗力的基础。应该积极鼓励基层党组织在金融扶贫实践中,进行结对共建,特别是推进金融机构党组织与村党支部的共建活动,帮助农村基层党支部提升政治素质和生产能力。在此过程中,相关金融机构根据扶贫工作需要,选派一名或几名年

---

① 中共中央、国务院关于打赢脱贫攻坚战三年行动的指导意见[NB/OL]. 国务院扶贫办网站,http://www.cpad.gov.cn/art/2018/8/20/art_624_88161.html

富力强、农村工作经验丰富的党员干部赴贫困村进行指导,为扶贫工作提供实质性帮助,强化党支部的党建和扶贫能力。

在此基础上,坚持一切从人民群众的利益出发,充分考虑农民最迫切与最现实的需求,把贫困人口的利益放在第一位,通过扶贫方式创新有效化解"谁来扶"与"怎么扶"等问题。积极探索"金融机构党支部＋结对帮扶""金融机构党支部＋贫困村党支部＋合作社""支部＋合作社＋基地""村党支部＋贫困户"等模式,找准基层党建与金融支持脱贫攻坚的契合点。引导农村党员致富能手在发挥带头示范作用的同时,通过技术联带、资金联扶、信息联通、劳力联帮等方式为贫困人口提供帮助。同时,加强对长期坚持集体经营为主、取得显著效益的典型村庄进行宣传,努力探索农村基层党组织凝聚民心与引领发展的具体方式,总结发展典型的一些可复制可推广的实施方案,进一步增强基层党组织的凝聚力和领导力。

三、完善金融扶贫的协调与合作机制

金融扶贫是一项综合性的扶贫方式。在我国扶贫体系中,财政贴息一直是重要方式,金融扶贫都不是独立存在的,但在实践中尚未形成有效的合作机制,需要进一步优化不同机构之间的协调。在各地成立的扶贫攻坚领导小组下可以根据工作需要再成立若干工作组,加强对金融扶贫开发工作的指导、协调、督促工作。同时,建立金融扶贫联席会议制度,定期协调指导和统筹推进金融扶贫工作,健全与国家脱贫攻坚相适应的金融服务体制机制,形成商业性、政策性、开发性、合作性等各类金融机构协调配合、共同参与的金融服务格局。

(一)实现扶贫过程中同一区域内各类金融资源优化配置

金融扶贫需要信贷、担保、保险、资本市场等各种金融方式的协同配合。因此,要提升金融扶贫整体效率,就需避免银行、保险、证券等不同金融机构各自为战的现象。通过优化金融扶贫内部结构,建立信贷、担保、保险、资本市场协同扶贫机制,实现行业、机构之间以及行业内部省(市)内整体及行业系统协同配合。在此基础上,构筑财政、金融、扶贫、产业等政策联合引导金融机构扶贫的运行机制。为此,应充分发挥各部门在金融扶贫工作中的自身优势,增强财政部门、扶贫办与人民银行、银保监会的联动与协作,完善各类金融资源的协调配合机制。具体来看,可以由省一级政府金融办或相近政府职能部门牵头建立金融扶贫平台,整合辖内银行信贷、保险、信托、证券投资等各级各类扶贫金融资源,统筹调配,明确分工,避免资源投入重复,提升金融资源的使用效率。

(二) 推进不同地区在金融扶贫领域的协同配合

在主要按各自辖区扶贫规划需要开展金融扶贫工作的基础上,协调不同区域之间的扶贫工作。根据《中共中央、国务院关于打赢脱贫攻坚战三年行动的指导意见》[①]的要求,把人才支持、市场对接、劳务协作、资金支持等作为协调重点,加强不同地区扶贫金融资源集中统筹,形成金融扶贫的强大合力。在这一进程中,要重点强化东西部扶贫协作责任落实,加强组织协调和督导检查。各地金融办或相近政府职能部门建立协同联动机制和平台,协调金融扶贫政策,整合各类扶贫资源。加强不同区域信贷政策与财政等的衔接互动,充分发挥财政资金与金融资源的联动作用,围绕贫困地区融资担保和风险补偿机制等问题进行协调。同时,为推动分属不同省份的连片贫困区的经济发展,可以引导金融机构加大跨区域的综合性信贷投入,对连片贫困区的主导产业、优势产业、农业现代化以及新型农业经营主体发展规模化生产进行重点支持。从区域整体视角和国家战略高度,集中统筹扶贫资源,形成更科学的规划和更大的资源优势,实现金融扶贫工作的协同与联动。

---

① 中共中央 国务院关于打赢脱贫攻坚战三年行动的指导意见[NB/OL]. 国务院网站, http://www.gov.cn/zhengce/2018-08/19/content_5314959.htm

（三）实现不同金融机构在扶贫进程中的优势互补

由于不同金融主体业务存在差异性,各金融机构主要承担的扶贫任务也有所不同,需要在实践中加大金融资金跟进力度,形成资金合力。政策性、开放性金融机构充当着财政支出和商业性融资的中间角色,对于资金投入大、投资回收期长的项目应主动承担融资责任。大型商业银行应该发挥其资金充足以及科学管理层面的优势,积极支持贫困地区的产业发展。合作性金融作为新型金融机构充分发挥其在农村地区的群众基础,为真正有信贷需求的贫困农户提供贷款服务。因此,由于金融扶贫机构之间业务上也存在一定联系,在金融扶贫实践中,需要实现各级各类金融扶贫资源的协同配合。充分利用金融机构的网络、信息和服务优势提供融智支持,通过提供全面综合性的金融服务,促进扶贫金融资源集中统筹安排,形成金融扶贫更大的资源优势,促进贫困地区和贫困人口提升自我发展能力。

（四）实现金融机构与其他机构之间在扶贫过程中的协同创新

在扶贫对象帮扶过程中,金融与财政、教育、旅游、医疗等部门之间需要相互协作,尤其是金融与财政部门在扶贫实践中始终起着有偿服务和无偿救济的互补作用。因此,需要加强金融机构与地方财政机构之间的工作协调,做好与财政资金、贴息资金对接工作,及时跟进相应的金融服务。这种部门之间的政策联动,是中国特色社会主义集中力量办大事的制度优势的一个具体体现。金融机构与其他机构之间协同运行机制的建立,也有利于金融机构更加准确对接基础设施建设、产业发展、移民搬迁安置等领域的金融服务需求。在此基础上,对各帮扶环节进行系统、全面、协同支持,全方位实现对生存扶贫与发展扶贫、单一扶贫与综合扶贫、及时脱贫与防止返贫等方面的统筹谋划。以协同化、系统化思维,在金融机构与其他参与扶贫的主体之间形成良好的协作关系,实现脱贫与遏制返贫等领域的系统谋划,做到统筹兼顾、标本兼治。

四、完善金融扶贫的绩效考核机制

通过扶贫考核与检查,对金融扶贫工作产生监督与制衡的效果,有利于提升金融扶贫工作的绩效。在考核过程中,需要充分考虑金融扶贫的成效,制定任务清单、责任清单和监督清单,并根据绩效考核结果进行奖惩。为避免考核流于形式,需要实现考核内容与方式的差异化,体现不同地区金融扶贫的区域性特征。同时,要尽量减少重复考核、频繁考核现象,以免加重基层工作负担,使得个别地方通过表面工作来应付工作,导致考核流于走过场,造成扶贫资源的浪费。既对扶贫效果产生一定的不利影响,也难以达到扶贫考核的预期目标。

(一)完善金融扶贫绩效考核指标体系

精准扶贫重在精准,考核工作也要精准开展。因此,指标体系的标准应该可量化或者明确分级,并通过扶贫工作能够实现,不能过高或者不切合实际。尽管金融扶贫参与主体广泛,涵盖银行、保险等多种金融机构。但根据实际投入的扶贫资金金额来看,信托、基金、期货等相对较少,参与广度和深度也有待深入。因此,在针对于金融扶贫绩效的考核指标体系中,不同机构赋予的权重可以有所不同,侧重于实施金融扶贫效果的评价。

综合现有关于金融绩效考核的评价指标体系所覆盖的内容,需要从金融机构扶贫执行状况、扶贫工作经济效益与社会效果、金融机构自身可持续发展水平等三个维度来全面测度金融扶贫效率,如表 5.1 所示。

其中,金融扶贫执行状况情况是反映金融机构是否有意愿和能力承担金融扶贫开发、扶贫执行力的重要因素。意愿层面,包括金融机构金融扶贫开发工作实施方案、细则制定及实施情况,扶贫开发贷款风险分担和补偿机制建立及运行情况等。能力层面,包括金融机构提供的扶贫专项贷款及其他金融服务状况,直接反映金融扶贫的内容和成效。

表5.1　金融扶贫绩效考核指标体系

维度	衡量侧重点	主要指标
金融机构扶贫执行情况	金融扶贫的意愿金融扶贫能力	实施方案、细则制定、实施情况专项贷款、金融服务水平
经济效益与社会效果	经济表现、社会效益	经济总量、经济增长速度、人均收入水平、贫困发生率、产业发展水平
金融机构可持续发展水平	可持续发展能力	财务可持续性、贷款收益率、流动资金占比、总贷款率、经营效率比率

扶贫工作经济效益与社会效果这一层面,需要重点考察贫困地区的经济与社会发展水平、扶贫对象的收入提升程度,具体指标如服务区域的经济总量、经济增长速度、人均收入水平、贫困发生率下降速度、产业发展水平等指标。关于金融机构自身可持续发展水平的测评,可以运用财务可持续性、贷款收益率等金融机构盈利能力衡量指标以及流动资金占比、总贷款率、经营效率比率等指标来衡量。

(二) 优化金融扶贫考核机制

一是建立以金融扶贫结果为导向的考核激励机制。主要考核金融扶贫贷款的发放规模和实际效果,并强化考核结果运用。一方面,按照金融机构每年投入金融扶贫事业的信贷总量和增量情况,设立专项资金进行奖励,并直接将考核结果与财政扶贫资金的存放和账户开设挂钩,鼓励金融机构加大扶贫信贷投放力度。另一方面,将考核结果作为人民银行实施支农再贷款政策倾斜和差别准备金动态调整的重要依据。对于金融扶贫工作行动迟缓、工作不力、措施不当的金融机构进行通报批评,并给予相应的处罚。

二是对金融机构参与扶贫情况分层次进行考核。建立专门的金融扶贫开发统计监测和分析报告制度,对扶贫工作进展情况实行定期通报,考核结果抄送金融机构省级分行和金融监管部门,督导金融机构加大精准扶贫支持力度。同时,成立金融扶贫监督工作组,对照扶贫督查考核评价体系,结合全年重点工作责任清单,加大对脱贫攻坚工作的督查考核力度。

三是构建金融扶贫激励补偿机制。在市场经济条件下,推进金融扶贫政策高效落地,不仅需要优质的金融生态环境、完善的金融配套设施,更需要推进税收减免、贷款增量奖励、金融创新奖励、定向费用补贴、设立风险补偿基金等政策。这些政策实施可以调动金融扶贫的主动性和能动性,撬动和引导金融资源流向贫困地区。因此,要进一步健全考核机制,将扶贫成效与业绩考核有机结合。

五、运用现代信息技术优化监管机制

金融机构在服务贫困人口、履行社会责任时可能会比其他信贷业务面临更高的交易成本,从而导致社会责任与财务绩效之间出现矛盾。农村扶贫金融监管制度的创新主要在于建立审慎金融监管机制,兼顾金融公平、效率与安全。近年来,大数据、区块链、云计算等现代信息技术得到广泛应用,互联网与金融的不断融合导致互联网金融、移动金融等新型金融业态已经成为金融发展的生力军,在节约社会资源、降低金融交易成本、提升金融服务体验和形成有价值的数据等方面发挥重要作用。在扶贫过程中,注重信息技术的应用,有利于降低精准扶贫过程中的信息不对称现象,提升金融服务水平以及监管的力度。因此,政府和金融机构应该协同发力,通过政策激励支持金融市场的制度创新和技术创新,降低金融机构在扶贫过程中的各项运行成本与交易费用。

(一) 运用区块链技术实现金融扶贫资源的共享

传统的金融体系一般通过引入第三方中介承担信息不对称造成的风险,这些中介服务存在成本高、交易流程繁琐、信任评估效率低等问题。基于区块链的分布式记账,有利于化解这一制约金融行业发展的难题。区块链本质上是一种由一群彼此互不信任的节点共同维护的一个公共账本,并且记录只能以追加的方式添加到系统之中,记录一旦被确认就不能删除与篡改。区块链基于互联网的去中心和分布式数据库技术,通过与大数据的结合逐渐传导至社会经济生活各环节,有助于消除政府相关部门、金融机构与扶贫对象之间的信息不对称问题,实现对贫困人口金融需求的精准识别,还可以全方位地补齐被有意隐藏且难以直接获取的关键信息。

2019年10月,习近平总书记主持中共中央政治局就区块链技术发展现状和趋势进行第十八次集体学习。他指出,区块链技术的集成应用在新的技术革新和产业变革中起着重要作用,要把区块链作为核心技术自主创新的重要突破口,加大投入力度,着力攻克一批关键核心技术,加快推动区块链技术和产业创新发展。习近平总书记强调,相关部门及其负责领导同志要注意区块链技术发展现状和趋势,提高运用和管理区块链技术能力,使区块链技术在建设网络强国、发展数字经济、助力经济社会发展等方面发挥更大作用[1]。

因此,在金融扶贫过程中,应结合实际情况运用区块链技术提升扶贫工作的精准度与技术水平。充分利用分布式记账法去中心化这个特征,改变传统商业模式基于复式记账法的各自记账方式,并将其转变为社会公共记账。既有利于缓解由于信息不对称及交易成本而引发的市场交易摩擦问题,也在很大程度上解决传统金融体系面临的信息不对称问题[2]。同时,区块链技术可以改善交易双方或多方互信的核心问题,通过提升风险管理的精准和效率来进一步优化金融扶贫的服务框架,有利于根据经济新常态下扶贫工作呈现的新特征,加强不同地区贫困人口与扶贫进程信息共享,增强信息跨区域交换的互通功能。

---

[1] 马亮. 利用区块链技术赋能政务服务创新[NB/OL]. 新华网, http://www. xinhuanet. com/comments/2019-10/30/c_1125172738. htm
[2] 吴桐、李家骐. 区块链和金融的融合发展研究[J]. 金融监管研究,2018(12):98—108

（二）构建和完善金融扶贫数据管理平台

以贫困人口动态化信息管理系统为基础,运用大数据技术完善金融扶贫信息库,构建跨区域协同创新扶贫数据平台。通过对多样化的扶贫信息加以集成融合,为金融扶贫提供必要的数据支持。运用大数据技术实现对贫困人口的精准识别与精准管理,积极与贫困人员的需求对接,提高扶贫资源的配置效率。同时,构建金融扶贫的数据共享平台,实现同一省份内部、跨省份之间扶贫对象的信息共享,建立涵盖资源分配、绩效评估等在内的精准扶贫动态监管体系。通过不同区域信息的互联互通,及时了解和掌握金融扶贫全过程的动态信息,提升信息数据记录和更新频率,确保精准扶贫数据的实时观测和动态分析。

运用该数据平台对贫困人口的身份信息与资金流向等进行实时监控和动态管理,提升信贷资金投放管理的精准度,实现专项资金点对点使用过程的监管与追溯,确保金融扶贫资金的精准对接、动态监测与量化考核。结合大数据与区块链理念,资金使用方式应为首先要确定用款项目和款项用途,实现金融服务与扶贫资金行政审批的有效整合,对每一个金融扶贫项目以及每一笔扶贫资金进行全程监管,彻底解决扶贫项目资金使用中管理信息回馈不及时性、信息失真等问题,真正实现金融要素供给与扶贫对象需求的有效衔接。

（三）加强对金融扶贫全过程的动态监管

在现行管理体制下,针对金融机构的监管链条较长,如银监会的监管是四级监管,省、地、县三级分支机构分别监管,监管成本高,信息失真的概率较高。此外,对于面向扶贫对象的小额贷款公司以及新型农民合作金融组织,由于分布较为分散,监管难度大。因此,政府相关部门要加强金融扶贫的监督和管理,应用大数据、区块链等现代技术,在实现信息及时更新的基础上,进一步丰富监管手段,提升金融监管的技术水平,扩大监管的覆盖面,提升监管效率。一旦脱贫攻坚过程中发生失误并造成较为严重的后果,就应对存在违规操作、弄虚作假、

"数字脱贫""被脱贫"等问题,及时依纪依法追究相关部门和人员责任。

由于区块链具有信息不可篡改特征,可以保证信息的真实与准确,有利于及时公布金融扶贫所涉及的金融工具的具体信息,保障监管机构能合理行使监督职能。同时,增加金融扶贫机构在资产管理、资金流向等方面的信息透明度,重点包括资产是否虚构、资金是否挪用等内容,降低金融机构的风险控制成本,增强金融产品的安全性。交易数据在参与各方传递的过程中如果发生错误,监管机构只要成为其中一个节点,就可以追溯每一笔交易的任何历史痕迹,有利于实现金融监管的全覆盖。同时,通过金融机构服务链和政府扶贫资金行政审批链的整合与互动,以区块链技术的交易溯源与不可篡改等特征实现扶贫资金的精准投放、透明使用和高效管理,及时掌握金融扶贫资金的交易记录与具体流向,通过对金融机构的交易账本进行分析,有利于实现对金融扶贫全过程的动态监管[1]。特别是对于贫困地区信贷产品难以避免的高风险和高成本难题,寻找风险和收益的平衡点,将不良资产控制在合理范围内,降低成本费用,提升营运效率,督促金融机构努力提升自身经营管理水平。

六、完善金融扶贫的返贫预警和处置机制

返贫实质上也是一种贫困,是一种再生性贫困。返贫现象的出现影响金融扶贫的效益和质量,如果能够优化脱贫人口的退出机制,对返贫行为可以进行有效预警,并及时进行干预和治理,将有利于大幅度降低返贫现象的发生,在一定程度上保障脱贫的质量。2016 年 4 月,国务院发布《关于建立贫困退出机制的意见》,提出"贫困人口退出以户为单位,主要衡量标准是该户年人均纯收入稳定超过国家扶贫标准

---

① 柳晓明、贾敬全.区块链视角下优化我国金融扶贫方式的路径选择[J].淮北师范大学学报(哲学社会科学版),2019(2):13—16

且吃穿不愁,义务教育、基本医疗、住房安全有保障"①,即"两不愁三保障"。因此,应结合该文件的精神实质以及颁发以来的实施状况,运用动态管理思路推进贫困退出工作,并在贫困退出工作中做好对扶贫对象的跟踪研判,及时发现和解决扶贫对象的各类苗头性、倾向性问题。

(一) 进一步优化脱贫人口的退出机制

《意见》提出以脱贫实效为根本,以群众认可为标准,建立严格、规范、透明的贫困退出机制,促进贫困人口、贫困村、贫困县在 2020 年以前有序退出,明确贫困对象退出标准和程序。在精准扶贫实践中,必须要严格执行退出标准、规范工作流程,贫困人口退出必须实行民主评议,贫困村、贫困县退出必须在达到脱贫标准的基础上,进行审核审查,强化监督检查,开展第三方评估,确保脱贫结果真实可信②。

持续稳定脱贫难度较大。部分脱贫户按照"两不愁、三保障"的基本标准实现脱贫,也不同程度享受精准扶贫"五个一批"政策的优惠措施,但脱贫水平较低,脱贫基础不牢,持续稳定脱贫有难度,因病、因灾、因市场、因就业等导致返贫的风险较高。已脱贫户主要收入来源是务工收入、政策性转移收入和初级农产品收入,这些收入受市场、政策、自然条件等因素的影响大,致贫返贫的机率大、可控性差。

脱贫是一个动态过程,贫困群众本身经济实力薄弱,脱贫质量不高且不稳定。少数低收入人口脱贫后,可能又会由于主客观原因重新返贫。扶贫动态管理要求对贫困人口进行长期跟踪监测,掌握贫困人口在生产生活方面的发展状况,包括收入支出、生产经营、教育程度等,及时发现并预判不同情形下贫困人口的各种变化,进而评判其是否具备脱贫条件。因此,退出机制的目标不仅仅是扶贫项目与政策的退出,更

---

① 中共中央办公厅、国务院办公厅印发《关于建立贫困退出机制的意见》[NB/OL]. 国务院网站,http://www. gov. cn/zhengce/2016-04/28/content_5068878. htm

② 中共中央办公厅、国务院办公厅印发《关于建立贫困退出机制的意见》[NB/OL]. 国务院网站,http://www. gov. cn/zhengce/2016-04/28/content_5068878. htm

重要的是形成贫困家庭的长期可持续发展能力[①]。贫困人口的退出需要满足一定的条件,在满足退出基本条件的同时,贫困退出机制的构建还需要考虑贫困人口的综合素质、收入水平、社会保障、发展能力等因素,包括退出的动力、补偿、激励与约束等方面的具体要求。

为有效避免返贫现象,贫困退出机制的指标体系应具有全面性、针对性、动态性。如脱贫的重要标志是收入增加,必须要明确收入是如何增加的,以及扶贫对象脱贫后的收入由哪几部分构成的,对这些问题进行深入分析,并在决定能否退出贫困的衡量指标体系中加以体现。同时,对于防止返贫和巩固提升脱贫成果这两方面要同等重视。在此基础上,按照要求实施大力发展生产脱贫一批、易地搬迁脱贫一批、生态补偿脱贫一批、发展教育脱贫一批、社会保障兜底一批的扶贫攻坚计划。此外,由于贫困退出的主体一般属于风险厌恶型,风险应对能力差,有效防范风险离不开政府的政策扶持。

(二) 建立和完善返贫预警和处置机制

我国贫困人口比较分散,有的地区客观上无法避免自然灾害的发生,刚刚脱贫的农村居民在突发自然灾害发生之时可能又重新进入贫困行列。因此,如何有效保障脱贫群众不再返贫、实现自身可持续发展,同样任重而道远。政府需要在就业、教育、住房、医疗卫生、养老等方面,运用包括金融工具在内的扶贫手段,出台相关政策措施,减轻贫困退出主体的经济社会压力,在稳定脱贫的基础上防止已脱贫人口返贫,这也是打赢脱贫攻坚战的关键所在。

1. 建立返贫预警机制

就现状而言,目前仍然存在脱贫对象退出不够精准的问题。主要表现为少数已经达到脱贫标准的贫困户未纳入年度脱贫对象,部分已脱贫户没有充分享受到差异化的扶贫政策措施。少数地方片面追求脱

[①] 房连泉. 国际扶贫中的退出机制—有条件现金转移支付计划在发展中国家的实践[J]. 国际经济评论,2016(6):86—104

贫速度,脱贫质量不高。个别地区存在算账脱贫、被脱贫和纸上脱贫的问题,脱贫对象纸质档案信息与系统信息不够一致。因此,需要建立对脱贫人口的跟踪监测机制,健全相关部门的信息共享与沟通协调机制,实现对脱贫人口的动态管理,继续跟踪和及时掌握其生活与生产状况。同时,加强脱贫后的扶持工作,在一定期限内继续保留必要的优惠政策,并根据动态监测情况采取必需的帮扶举措。

结合贫困退出过程中存在的不足之处,设计脱贫人口返贫风险预警指标体系,建立多元主体风险预警机制,健全脱贫人口返贫动态风险防范体系,在此基础上制定科学的脱贫人口返贫预警的运行机制。结合农村发展资源与环境、脱贫人口的市场适应能力与生产经营者的可持续水平等因素,运用监测预警机制进行动态管理,通过村与乡镇预判、县级评估等方式,对预警信息进行综合分析研判。返贫预警监测机制合理与否关键在于信息的收集和处理。在建档立卡的基础上,精确掌握脱贫群众家庭收入状况、潜在返贫因素和针对脱贫群众的后续帮扶措施等信息,畅通可能引起脱贫群众生活变化因素的信息传播渠道,从而进一步完善返贫预警监测机制。

2. 预防和及时处理返贫现象的基本途径

返贫现象有其生成诱因、生成机理及演化过程,从实际来看,一般可以分为政策性、能力性、环境性三种类型(郑瑞强、曹国庆,2016),表5.2列出了返贫的主要种类及原因。

表5.2　返贫现象出现的主要原因[①]

返贫的种类	主要原因
政策性返贫	基础设施、保障体系、发展方式转变
能力性返贫	健康原因、观念、生产技能、市场应对能力
环境性返贫	自然灾害

① 郑瑞强、曹国庆.脱贫人口返贫:影响因素、作用机制与风险控制[J].农林经济管理学报,2016(6):619—624

返贫现象主要出现在经济基础较差的脱贫家庭,大部分是因为脱贫农户缺乏抵抗经济风险的能力,在受到某种负面因素影响时,就会出现返贫现象。因此,必须要针对各种可能的原因,做好预防工作,及早防范返贫风险。在现有精准扶贫体系的基础上,针对可能导致返贫的各种因素,通过创新帮扶措施、完善社会保障体系、建立救助机制,对脱贫人口进行发展激励,通过精确识别和精确退出切断返贫的着力点,提高社会化服务能力。

在此基础上,从自然条件、社会发展环境、政策扶持等方面进行调整和改善,同时在开展贫困人口脱贫攻坚的过程中注重扶贫效用的可持续发挥,实现贫困人口减贫的同时并消除返贫风险。将稳定脱贫状况列入脱贫攻坚目标考核体系中,考核时除对预脱贫农户的收入水平进行检查外,对其发展前景也需要进行深入评估。将返贫发生率作为重要的考核指标来评定阶段工作,以考核促进预防返贫工作的开展实施,并保持金融扶贫政策的连续性。

对于已脱贫农户不能简单取消一切扶贫政策,应该进一步持续关注,这是增强脱贫户抵抗返贫风险能力的重要举措。这其中,产业发展水平是防止返贫的重要因素。因此,需要结合贫困地区的资源优势和经济发展现状选定适合地方发展的相关产业,并使其保持在一定的发展水平上,提升脱贫人口的可持续发展能力,更好实现资源的合理配置。

习近平总书记在重庆专题调研脱贫攻坚时提出,我们是全心全意为人民服务的党,追求老百姓的幸福。路很长,我们肩负的责任很重,这方面不能有一劳永逸、可以歇歇脚的思想。唯有坚定不移、坚忍不拔、坚持不懈,才能无愧于时代、不负人民①。进一步完善扶贫对象动态管理机制,必须要及时处理各种可能出现的返贫现象,并在思想和行动等方面做好持久的准备。对因自然灾害、市场波动、重大疾病等意外事件及不可抗力产生的农村贫困人口和返贫人口,依据统一的动态调

---

① 杜尚泽、张晓松."这件事我要以钉钉子精神反反复复地去抓"—记习近平总书记在重庆专题调研脱贫攻坚[NB/OL].新华网,http://www.xinhuanet.com/2019-04/19/c_1124386249.htm

整纳入扶持范围。根据脱贫户返贫、易致贫户致贫原因确定相应的处置措施。

　　为加强贫困地区抵抗自然灾害的能力,防止突发性自然灾害造成脱贫群众重新陷入贫困状态的情况,应依托现有信息技术,对自然灾害和已脱贫群众进行监测。在此基础上,可以考虑设立应急处置基金,重点用于现行政策范围内难以覆盖的触发预警对象的特别救助。提前做好当地容易发生的自然灾害相对应的抗灾防灾工作的预备工作,努力把自然灾害对脱贫人口的负面影响降至最低。

第六章

实现金融扶贫与其他扶贫方式的良性互动

　　对于贫困人口而言,解决其基本的生存保障问题是前提和基础。但更重要的是要让贫困人口能够真正走出贫困、走向富裕,具备可持续发展能力。因此,必须坚持以人民为中心的发展思想,以贫困人口脱贫致富与可持续发展为扶贫工作的重中之重,通过金融扶贫与其他扶贫方式的有机结合,把发展新理念、新要素融入到金融扶贫全过程,提升贫困地区经济运行质量。为此,需要构建金融扶贫与产业扶贫、教育扶贫等良性互动的运行机制,充分发挥涉农金融机构的作用,按照市场化机制与专业化方式,推动金融扶贫过程中资金链与创新链、产业链的有效耦合,实现金融资源的优化配置。

一、推进金融扶贫与产业扶贫的良性互动

　　产业高质量发展是贫困地区经济持续增长的物质基础。贫困地区特别是深度贫困地区基础条件薄弱、致贫原因复杂、公共服务不足,产业层次较低,发展难度较大。通过发展生产才能从根本上解决贫困问题。因此,必须有效解决贫困地区经济运行质量不高、产业结构亟待优化的现实问题,推动产业发展的市场主体带动力,进一步增强扶贫对象的自我发展能力。另一方面,一些贫困地区独特的自然资源和文化特

征也孕育出生态农业等特色产业。因地制宜开发这些产业,有利于增强贫困地区的自我"造血"功能。为此,需要充分发挥金融机构的积极作用,进一步加大金融支持力度,最大限度满足贫困人口生产经营活动与贫困地区发展特色产业的信贷需求,提升产业发展层次与水平。

(一) 新时期产业扶贫存在的不足之处

产业扶贫作为开发式扶贫的主要措施,其出发点是通过促进贫困地区产业发展形成涓滴效应,创造就业岗位、提高贫困人口收入、发展区域经济,这是保障贫困地区实现稳定脱贫的基本途径。作为习近平总书记提出的脱贫"五个一批"工程中的第一项,"发展生产脱贫一批"同时也是基层反映的难度最大扶贫工作之一[①]。《国务院关于促进乡村产业振兴的指导意见》也明确提出,产业兴旺是解决农村一切问题的前提。实现农业规模化与专业化发展是推动农村经济发展的重要渠道,也是贫困地区脱贫致富的重要方式。目前全国范围内存在支持农业龙头企业等新型经营主体的产业发展带动模式、利用产业扶贫资金开展资产收益扶贫的产业帮扶模式、直接支持贫困农户发展生产活动的瞄准型产业帮扶等模式[②]。产业扶贫涉及对象最广、覆盖面最大,取得了较为显著的成效,但受制于诸多因素也存在着一些不足之处。产业扶贫背后隐藏着扶贫济困的社会道德逻辑与产业发展的市场化逻辑的矛盾,这两者之间的差异性降低了产业扶贫项目成功的可能性[③]。

产业扶贫成功与否很大程度上取决于贫困人口的参与意愿和发展能力。从产业扶贫实践来看,扶贫项目单一化与运行的低效率现象时有发生,一些贫困地区的产业扶贫仍处于较低层次,尚未达到预期效果。主要原因是基层政府行政主导权过大、龙头企业自我逐利性过强、

---

① 李静. 产业扶贫难在何处[N]. 光明日报,2018－4－24

② 林万龙、华中昱、徐娜. 产业扶贫的主要模式、实践困境与解决对策—于河南、湖南、湖北、广西四省区若干贫困县的调研总结[J]. 经济纵横,2018(7): 102—108

③ 许汉泽、李小云. 精准扶贫背景下农村产业扶贫的实践困境[J]. 西北农林科技大学学报(社会科学版),2017(1): 9—16

农村经济合作组织能力弱和发展活力不足、贫困人口弱势地位突出和主动参与不足[①]。行政逻辑和市场逻辑的相互消解,使得产业扶贫项目没有提高贫困户的个人能力和发展机会,从根本上影响产业扶贫的效果。产业扶贫往往更注重自上而下的资源输入而忽视其他社会主体在扶贫当中的参与、合作和分享,从而使得产业扶贫项目缺乏社会基础而失败[②]。

此外,由于没有完善的管理系统和信息平台,扶贫信息呈现碎片化、零散化状态,难以实现产业扶贫的系统化与规范化。由于精准性不高且缺少合理的利益分享机制,扶贫产业定位不够清晰,尚未实现对贫困地区资源的合理应用,运行效率较低[③]。因此,需要通过金融支持,充分激发贫困地区市场活力,发挥金融机构的资金、市场、销售网络等优势,通过资源开发、产业培育、市场开拓、村企共建等方式,建立优势互补、合作共赢的长效机制,促进贫困地区产业发展。

(二)新时期金融支持产业扶贫的主要方式

新型工业化与农业现代化同步推进和国家重大区域发展战略加快实施,为贫困地区产业发展提供了良好环境,产业扶贫面临难得的重大机遇。应结合贫困地区经济发展现状与自然资源禀赋,大力发展特色与优势产业,这也是解决贫困问题、实现可持续发展的根本途径。因此,应进一步加大金融支持产业扶贫的力度和水平,通过市场化运行机制增强贫困地区产业与经济的可持续发展能力。

通过金融支持解决涉农产业链及产业园区发展的资金缺口,为产业发展提供良好的外部环境。结合贫困地区产业发展现状,加大对文化旅游、现代农业、物流业等信贷投入力度,引导金融机构向贫困地区

① 胡振光、向德平.参与式治理视角下产业扶贫的发展瓶颈及完善路径[J].学习与探索,2014(4):99—107
② 孙良顺、汪亚楠.产业扶贫工程中的政策表达、实践困境与优化路径—以 A 省 Y 区为例[J].北京联合大学学报(人文社会科学版),2019(2):98—107
③ 杨艳琳、袁安.精准扶贫中的产业精准选择机制[J].华南农业大学学报(社会科学版),2019(2):1—14

的特色产业聚集,推动贫困地区在产业布局过程中实现短期和中长期相结合,而不仅仅局限于单一发展短期或长期产业。在此基础上,实施产业扶贫政策和体制机制创新,进一步提升产业发展层次。

2018年中央1号文件提出:"培育一批家庭工场、手工作坊、乡村车间,鼓励在乡村地区兴办环境友好型企业,实现乡村经济多元化,提供更多就业岗位。"在实践中,一些地区围绕农产品生产、加工、新产品开发等实施金融扶贫,完善商贸物流金融体系,探索服务农业发展的金融扶贫模式,打造产业扶贫信息平台,推进产业扶贫信息管理的规范化与智能化发展。在贫困地区引入风险投资机构,推动涉农企业提升管理水平,加快技术革新进程,促进产业链升级。根据产业扶贫的资金需求,不断提升金融服务的层次与水平,灵活运用信贷政策工具支持产业发展。

同时,在形成商业性金融与政策性金融分工协作与优势互补的框架体系的基础上,加大对贫困地区龙头企业等市场主体培育力度,支持龙头企业在贫困地区通过建设生产和加工基地、吸纳就业、股份合作等方式参与产业扶贫。同时,通过延伸产业链和价值链,发展休闲农业、农产品加工、生产性服务业等多种业态,多领域、多环节带动贫困人口增收。

农业保险能够确保贫困人口从事农业生产的风险底线,增强贫困人口参与产业扶贫项目的积极性与主动性。通过大力推进保险产品创新,促进保险资金直接或间接投入产业扶贫项目,为产业扶贫的可持续发展提供长期资金支持。一方面,通过农产品合约质押和农业保险合约的担保,将保险资金直接投入到项目中,为产业扶贫提供低成本的资金支持。此外,也可以通过资产证券化等投资方式等将农业保险资金间接投入产业扶贫项目,满足小微型农企和农户的融资需求。

一旦出现自然灾害,可以通过灾害损失补偿帮助农民尽快恢复生产和生活,消除灾害所带来的负面影响,避免因灾返贫。农业保险介入灾害处理过程、参与赔偿与救助等社会关系协调,能够架起政府、企业和贫困人口之间的沟通桥梁。有利于促进各经济主体精确掌握贫困群众需求,提供更符合现状、更有针对性的保障服务,提高产业扶贫的效率。

（三）提升金融支持产业扶贫与贫困地区产业发展的力度

增强产业的可持续发展能力是贫困地区实现经济可持续发展的关键所在。没有产业的长期发展，就没有稳定的收入来源，扶贫就会成为"无本之木"。在脱贫攻坚的关键时期，必须把产业扶贫摆上更加重要的位置，尽快把贫困地区资源优势转化为产业优势、经济优势，让贫困人口真正参与产业经营、融入经济活动，这也是新时期金融扶贫能否取得预期成效的重要检验。虽然政府财政扶贫资金是一个很重要的来源，但是难以全部满足产业扶贫的资金需求。加上政府不直接参与生产活动，难以精准掌握经济活动各环节以及市场交易规则，无法向贫困农户提供有针对性的技术指导、产品购销的服务。因此，金融机构可以利用自身优势参与产业扶贫的全过程。因此，要加大金融支持产业扶贫的力度，更加重视产业选择和培育的可持续性，进一步提升产业精准扶贫的绩效水平，增强产业的市场竞争力。

产业扶贫不只是简单地向贫困村户提供工作机会，更重要的是为其提供谋生能力和增强其脱贫意识。促进贫困地区产业振兴，需要改变农业生产方式，推动传统农业实现跨越发展。从种植、加工到销售各环节都实现与市场对接，实现全产业链条各环节的有效衔接。为此，需要技术创新与组织创新、制度创新有机结合，为产业发展提供良好的外部环境和科学的运行机制。这其中，金融机构可以发挥重要作用，金融工具的接入可以促使扶贫资源和资金的有效利用。

在探索符合自身特色的产业发展规划与实践过程中，充分抓住信息技术和互联网快速发展的机遇，发挥贫困地区的自然资源优势与后发优势，引导金融机构增加对交通、能源、通讯等基础设施领域的投资。运用大数据技术提升产业发展层次、优化产业结构，积极发展对自然条件要求较低的大数据、电子商务等现代产业。培育数据驱动的产业发展新模式，突破区域发展瓶颈，将提升金融服务能力与发展新兴产业有机结合，在贫困地区形成新的产业形态和经济增长点。

同时,还应加大对新型农业主体的扶持力度。围绕确定的扶贫产业发展规划,在扶贫项目配给上充分发挥种养大户、家庭农场、农民专业合作社、龙头企业等新型经营主体的积极性,进一步健全新型经营主体带贫减贫利益联结机制和农产品产销对接机制。

二、金融支持教育扶贫的主要措施

治贫先治愚、扶贫先扶教。提升贫困地区教育水平是扶贫攻坚过程的重点内容。教育扶贫直指解决贫穷落后的根源,是我国扶贫开发体系的重要组成部分,是扶贫助困的治本之策。通过教育扶贫提高贫困地区人口素质,提升文化水平与技术能力,是一项从根本上解决贫困问题的战略性工程,也是一项需要长期坚持的重大民生工程。经济发展水平的高低,从根本上取决于人的素质与水平,而不仅仅是资源禀赋或资本规模[①](Schultz, 1960)。只有贫困地区平等享受高质量的教育资源,贫困人口及其子女才能增强发展能力、彻底根除贫困。在这一过程中,金融机构如何发挥自身优势,为教育机构提供必要的金融支持,是扩大教育扶贫覆盖范围、全面消除贫困、确保脱贫之后不返贫的重要保障,也是提升教育扶贫绩效水平的重要推动力。

(一) 新时期加大金融支持教育扶贫的必要性

逐步实现教育公平,提升贫困地区教育水平,通过多层次的教育体系来提升人力资本和改变落后的观念,增强贫困地区人民的科学文化素质,是教育扶贫的重要内容。近年来,教育机构出于资金压力,在教育扶贫方面更多着眼于对在校贫困生的资助以及奖学金的发放,而贫困地区学校在引进高水平师资、落实贫困生优惠待遇方面仍面临较大困难,教育扶贫过程中存在较大的资金缺口需要得到解决。

① T. W. Schultz. Capital Formation by education [J]. Journal of Political Economy, 1960 (6): 571 - 583

一是教育经费投入需求大。教育经费投入尽管逐年增加，但增幅远不能满足贫困地区教育发展的需要。首先，由于优质教育资源少且不均衡，需要引进优质教育资源落户贫困地区，扩大受教人口覆盖面，缓解教育压力，需要资金支持。其次，需要足够的投入来进一步提高贫困地区教师待遇，引进外部优质师资，增强偏远农村教育力量。调查表明，不少贫困地区学校在教学配套设施、信息技术升级以及教师队伍培训、现代化教学仪器添置方面等均有较大的资金缺口。

二是金融支持教育扶贫在实践过程中存在一定的困境，主要表现在两个方面。首先，教育机构缺乏有效的抵押担保方式。根据我国《物权法》《担保法》等法律的相关规定，用于教育的房地产、教育设施不得设定抵押。其次，教育行业信贷准入条件严格。贷款主要投向县域普通高级中学，农村地区中小学难以得到金融机构足够的信贷支持，制约这些学校的发展进程。

（二）加强金融支持教育扶贫的主要对策

以确保义务教育质量为基础，加大金融对教育扶贫领域的支持力度，支持贫困地区义务教育薄弱学校改造工作，确保所有义务教育学校具有较好的办学条件，稳步提升贫困地区义务教育水平。同时，通过政府相关部门与金融机构合作，共同创办面向贫困人口的各种培训学校。加强思想教育与职业既能培训，让扶贫对象具有基本的生产技能，同时大力弘扬自尊、自爱、自强精神，避免扶贫政策助长不劳而获以及等、靠、要的不良习气。在这一过程中，各级政府、金融机构及教育机构应在履行职责的基础上加强合作与协调，通过多措并举，加快教育领域的扶贫进程。

1. 政府层面

加大对贫困人口和贫困地区义务教育的支持力度。进一步落实《乡村教师支持计划（2015—2020 年）》等提升乡村教育水平的政策措施。运用大数据技术精准掌握乡村教育的供需缺口及发展态势等方面的具体信息，并针对贫困地区教育发展现状，积极引进优质教育资源，优化校区布局,及时解决贫困地区教育资源匮乏问题。改善基本办学条件和标准化建设,增加受教人口覆盖面。同时通过各种方式为贫困地区引进高水平教师,提高贫困地区整体师资水平,为教育扶贫提供坚实的人才支撑。

对于在培训机构参加技能培训的贫困人口或高等院校毕业的贫困生,及时安排合适的工作岗位,让其早日增收脱贫,同时也确保能留住优秀人才。出台相关政策激发金融机构参与教育扶贫积极性,引导金融机构与相关学校对接,使教育扶贫领域有充足的资金支持。并充分利用这一契机,培养一批有走出贫困的远大志向和较高道德水准的高素质人才,带动广大贫困人口自力更生,共同分享脱贫政策的红利,也有利于更好实现教育链、人才链与金融扶贫领域的人才需求有效衔接。

2. 金融机构层面

一是创新金融产品,优化信贷流程。结合国家扶贫政策,从确定政策依据、项目规划编制、完善融资方案、制定担保措施等方面进行分析,进一步延伸教育扶贫领域的金融机构服务网络,不断优化信贷流程,创新金融产品,提高业务办理效率。如在贫困地区中小学校区建设过程中可以通过中长期贷款,对于贷款数额超过一定规模的可以采取 PPP 模式支持教育扶贫。

二是做好贷前调查,降低准入门槛。组织人员到相关学校进行实地调查,对学校的规模、效益进行调研和论证,对积极履行社会责任、教育扶贫工作落实到位的学校,在政策范围内适当降低贷款所需的各项要求。

三是争取优惠政策,开辟绿色通道。积极为有资金需求且符合条件的学校申请专项信贷扶贫政策,让其享受绿色审批通道、利率优惠等一系列优惠信贷政策。通过教育扶贫贷款模式,支持贫困地区改善办学条件,提升困难学生补助标准,破解贫困地区教育基础设施差、贫困家庭学生求学经济压力大等问题。

3. 教育机构

一是进一步放宽入学标准。简化贫困地区学生入学手续,确保义务阶段的贫困学生都能顺利入学。在此基础上,积极帮扶贫困学生,通过定期发放助学金、优先提供勤工俭学机会、加强心理辅导等方式进一步加大对贫困学生的补助与帮扶力度。

二是依据现有政策,积极争取地方政府和金融机构支持。运用专项资金加强对贫困户的培训,提高贫困户生产技能。对于农村贫困户以及初中毕业生,职业技能院校等培训机构根据国家相关政策免费为其提供技能培训。

此外,以新型职业农民培训为抓手,为贫困户提供全产业链服务,提高产业增值能力和吸纳贫困劳动力就业能力。依托当地区位条件、资源特色和市场需求,以差异化发展为原则,发掘适合贫困人口力所能及的特色行业,并据此增加金融机构针对贫困人口从事生产经营活动的小额信贷的额度。

三、金融扶贫与旅游扶贫

推动贫困地区旅游业发展,既有利于拉动经济发展、增加贫困人口的收入水平,也能进一步拓展当地居民特别是贫困人口信息获取渠道对外界的接触认知。通过社会各部门的支持与配合推动贫困地区特色旅游资源的开发,提高区域经济可持续发展能力并增强从业人员的综合素质。因此,尽管关于旅游业能否减缓贫困在学术上有一定争议,也存在各种质疑①,但旅游业作为消除贫困的一种重要工具,已经在实践中得到各级政府认可并付诸实施。1999 年,英国国际发展局(DFID)第一次提出"旅游扶贫"(PPT,pro-poor tourism)的概念,将发展旅游和反贫困联系起来,使其成为贫困地区的特色产业,通过旅游业的发展带动贫困地区经济增长,从而最终实现贫困人口的脱贫目标。

---

① 赵磊、吴媛. 中国旅游业与农村贫困减缓:事实与解释[J]. 南开管理评论,2018(6):142—155

（一）新时期我国金融支持旅游扶贫呈现的特征

党的十八大以来，我国旅游行业全力抓好旅游扶贫工作，确保乡村旅游与旅游扶贫工作扎实有效推进。为提升旅游扶贫的运行效率，在联合颁布实施《关于支持深度贫困地区旅游扶贫行动方案》的基础上，国家旅游局、国务院扶贫办还联合中国农业发展银行于2018年发布《关于组织推荐金融支持旅游扶贫重点项目的通知》，推出和发展一批金融支持旅游扶贫重点项目，为打赢脱贫攻坚战贡献力量。在实践中，地方政府、金融机构等主体通过帮助贫困户开办农家乐、从事旅游经营服务、进行土特产品销售等方式，推动旅游扶贫工作取得较好的成效。

一是更加注重金融的普惠性。由于自身实力有限，贫困地区中小旅游企业、从事农家游的农户经常会面临融资难、融资成本高的问题。因此，在实践中，积极实施金融支持贫困地区旅游扶贫的政策举措，破解农村地区传统的金融排斥现象。加大金融机构对当地中小旅游企业和农户的支持力度，充分调动各种经济主体参与旅游开发的积极性，增强贫困地区旅游发展新动力。

二是明确金融支持重点领域。金融支持旅游扶贫主要面向旅游景区、乡村旅游、旅游设施设备制造、旅游新业态等项目。金融支持旅游重点领域更加明确，有助于将有限的金融资源更好地应用于旅游扶贫发展，实现出更好的经济和社会效益。金融机构在满足乡村旅游基础设施融资需求的基础上，还有意识提升乡村旅游的软实力，对富有地方特色的农事体验、民俗演艺等项目给予一定的信贷支持。

三是以满足旅游信贷需求为导向。在以供给为导向的金融体系下，金融资源的配置往往并非取决于旅游业发展的需要，而取决于以银行为主的金融机构自身发展需要。在金融支持旅游扶贫的政策框架下，旅游扶贫不再完全以金融机构供给为导向，而是更多以满足贫困农户、乡村旅游企业的金融需求为导向，从以供给为主的资源配置向以需求为主的金融资源配置转变。针对不同形式乡村旅游的差异化需求，进行乡村旅游产品创新，全方位满足具有代表性的乡村旅游创业项目的融资需求。

(二) 提升金融支持旅游扶贫力度的主要措施

习近平总书记在 2015 年中央扶贫开发工作会议上深刻指出,"现在,许多贫困地区一说穷,就说穷在了山高沟深偏远。其实,不妨换个角度看,这些地方要想富,恰恰要在山水上做文章。要通过改革创新,让贫困地区的土地、劳动力、资产、自然风光等要素活起来,让资源变资产、资金变股金、农民变股东,让绿水青山变金山银山,带动贫困人口增收"①。这一重要论述为新时期金融如何更好支持旅游扶贫打开全新思路。

1. 制订金融支持贫困地区旅游扶贫的总体规划与实施细则

在现有扶贫政策基础上,制定具体实施细则。针对不同贫困企业和贫困群体,采取相应的金融支持方式,明确不同金融机构在贫困地区旅游扶贫领域的分工和重点举措。做好贫困地区特别是深度贫困地区金融支持旅游扶贫的统一规划,更好发挥金融机构的支持作用。建立面向旅游扶贫项目的管理平台,实现金融机构与融资项目的直接对接,缩短小型融资项目与金融机构之间的距离,消除信息不对称的问题,使金融扶贫和旅游扶贫深层次结合。在旅游扶贫实施过程中,旅游部门应做好与金融部门的对接,建立旅游产业发展协调与配合机制,明确重点支持的旅游产业和重点项目,避免旅游景区重复建设、无法体现地域特色等问题,创新旅游扶贫的各项措施,发挥金融资金和旅游资源的最大效用。

2. 健全贫困地区的旅游信用体系

建立贫困地区的旅游大数据平台,将参与开发和建设的旅游企业、扶贫对象的实时交易记录和不良信用记录及时纳入统一的征信体系,并对接中国人民银行征信体系,推动形成并完善乡村旅游信用体系。

---

① 习近平. 在中央扶贫开发工作会议上的讲话. 十八大以来重要文献选编(下)[M]. 北京:中央文献出版社 2018:50

通过合理的信贷模式,促进金融资源与脱贫攻坚的金融需求精准对接。为此,应鼓励金融机构服务链向贫困地区延伸,在保证服务水准的情况下,增加金融服务网点数量,提高资源利用率,也方便满足旅游融资人群的贷款办理需求。在此基础上,大力支持专业化旅游企业,并给予优惠配套政策,发挥其专业特长,带动贫困人口参与旅游发展。

3. 支持贫困地区构建多元化的旅游产品体系

支持各类旅游单位和社会组织与旅游扶贫村加强对口帮扶,通过帮扶活动引导贫困地区更好挖掘自身自然资源、历史文化、特色农产品等资源潜力,将特色产品转化为乡村旅游商品。鼓励发展旅游商品展销和购物场所,支持有条件的地区开展前店后厂式的游客参与体验式销售。同时,因地制宜引入健康、文化、会展等产业项目,延伸旅游产业链条,促进贫困地区旅游业转型升级。聚焦产业融合发展,不断强化旅游与互联网、健康医疗、生态建设等"旅游＋"产业新业态的金融支撑,进一步丰富旅游产品类型。在此基础上,积极发展文化体验游、休闲度假游、保健康复游、户外运动探险游和农事体验游等,开发具有地方特色的旅游纪念品,重点扶持土特产品、手工艺品等特色旅游商品的生产和加工,以及多元化发展的乡村旅游综合体,提升乡村特色旅游资源产业化对脱贫工作的贡献度。

四、金融支持电商扶贫的路径选择

随着互联网不断普及和农村基础设施的逐步完善,我国农村电子商务发展迅猛,交易量持续保持高速增长,已成为农村转变经济发展方式、优化产业结构、增加农民收入的重要动力。2015 年,中央一号文件提出"支持电商、物流、商贸、金融等企业参与涉农电子商务平台建设",电子商务成为推动农业发展的重要载体。同年,电商扶贫被国务院扶贫办列为精准扶贫十大工程之一。贫困人口多集中于自然资源匮乏、传统产业发展处于劣势的农村地区。电商产业资源依赖性不强、物理成本低,为贫困人口提供有效的创业手段。包括物流等在内的电商配套服务也属于人口密集型行业,技术含量低,为贫困人口脱贫增收提供了更广泛的途径。

(一) 推进"金融＋电商"精准扶贫现状及需要克服的障碍

电商扶贫成为新形势下精准扶贫的一种重要方式,是以电子商务为手段,拉动网络创业和网络消费,推动贫困地区特色产品销售的一种信息化扶贫模式。2018 年以来,我国正式启动实施贫困地区农产品产销对接行动、"互联网＋"农产品出村进城、信息进村入户等重大工程,支持贫困地区益农信息社建设,组织大型电商企业实施丰收购物节活动。"金融＋电商"扶贫模式注重贫困群体通过低成本、低门槛的电商创业项目增加经济收入,契合贫困群体的知识结构特点和经济基础特点,有效提升贫困地区和贫困农户的自身造血功能,为市场化方式扶贫提供方向。

我国 2019 年开通运行贫困地区农产品产销对接公益服务平台,发布贫困地区农产品供求信息,提供实时有效的农产品市场需求情况,引导贫困地区特色农产品销售。截至 2019 年 8 月,平台已注册供应商近3000 家、采购商近 800 家,达成交易意向近亿元①。

但从总体上看,我国贫困地区农村电子商务发展仍处于起步阶段,电子商务基础设施建设较为滞后,缺乏宏观层面的统筹引导,电商专业人才欠缺,市场发育程度较低,缺少标准化产品。这些不足之处,在一定程度上制约贫困人口通过电子商务增收脱贫的进程。

1. 贫困地区发展电子商务缺乏必要的社会氛围

作为近几年出现的新鲜事物,农村电商在农村的推广发展仍然存在一定的困难。尽管电子商务发展比较迅速,但很多农民特别是贫困人口由于文化层次比较低,习惯于传统"一手交钱,一手交货"的交易方式,对于网上销售、网络支付等这种异地交易方式并不是十分认可。除

---

① 资料来源:对政协十三届二次会议第 3919 号提案的答复[NB/OL]. 农村农业部网站, http://www.moa.gov.cn/govpublic/FZJHS/201909/t20190920_6328500.htm

此之外,针对电子商务基本业务开展服务的社会组织为数不多,难以及时将发展电子商务所需的知识与技术以及电子商务发展现状等内容向农民宣传。同时,由于贫困人口收入水平十分有限,难以承担风险导致的经济损失,对消费和经营属于风险厌恶型。因此,贫困地区发展电子商务需要营造良好的社会氛围。

2. 电子商务企业参与扶贫开发的意识有待提升

贫困地区电子商务产业的发展仍处于发展初期,电商企业成立时间短,经营的随意性较大。电商主营农特产品的品牌培育不够,整体竞争力不强。同时,适合网上销售方式的产品较为缺乏,相对稳定的供货渠道和专门的供货商不足。在实践中,电子商务网点业务内容单一,大多仅从事网上代购、充值等便民服务,增收渠道狭窄,运营效益不高,为民服务和带动农户发展特色产业致富增收的作用有限。

另一方面,电商企业模仿性强,价格竞争容易压缩利润空间。在开拓自主品牌、产品升级、提高附加值等方面存在意识不强、能力不足等困难。需要从提高对支持电子商务发展重要意义的认识、金融支持重点领域、创新金融服务的路径等方面进行全方位的规划,引导金融机构加大对电子商务企业的支持力度。

3. 电商扶贫体系缺乏系统性与规范性

就整体而言,电商扶贫目前仍然缺乏完整规范的运行体系。虽然电商扶贫服务中心已经成立,但缺少精通电商扶贫的专业人员,不具备高水准的电商品牌及营销策划、设计、包装、宣传、运营服务能力,很难为电商企业提供必要的销售和服务指导。同时,贫困地区农产品多为小规模生产,对产品的质量控制难度较大,农产品附加值低,廉价销售的问题较为普遍。同一生产链条中的上下游企业信息不畅通,物流成本高,品牌意识欠缺。贫困人口对品牌建设认知不足,营销能力有待提升。此外,贫困地区地理位置偏远,大多处于山区,快递服务无法上门,现有物流体系难以满足发展需求,加上网络基础设施不健全,宽带费用高、网速慢等问题突出,成为制约电商产业发展的重要因素。

（二）推动金融支持电商扶贫的具体措施

1. 引导金融机构加大对农村电商领域的投入力度

结合传统销售模式正逐渐向网络销售转型这一契机，以市场化的方式引导电商企业参与电商扶贫工作。建立农村金融综合服务站，并依托这一载体建设农村电商中心，为农村金融综合服务站提供电商入门知识、网上买卖技能、货物代收发服务、人力资源管理等培训。同时，按服务站提供的服务次数给予一定补贴，通过提升服务站的销售能力和物质奖补，使服务站切实担负起为周边贫困群体网络销售农副产品和购买线上商品服务的职责。此外，还大力推进传统零售业与网络零售的有机衔接，更好地服务贫困群体。

按照一对一、一对多的基本原则，引导金融机构与电商企业建立示范点。支持金融机构与电商企业进行实质性合作，帮助企业规范财务管理，为企业量身定制综合性金融扶持方案，适当降低信贷准入门槛，并给予涉农中小企业一定的利率优惠，满足企业生产、经营所需的合理资金需求。

金融机构充分利用本机构现有的电商平台，将各类信贷产品与支持电子商务发展相结合。在充分发挥网上银行支付功能、网上信贷产品服务功能的基础上，结合金融机构的自身业务优势，积极研发推广适合贫困地区电子商务客户发展的信贷产品，提高金融支持电商扶贫的精准性。

2. 改善贫困地区电商企业发展的基本条件

引导贫困地区企业同国内较为成熟的第三方电商服务平台开展合作，搭建特色产品和电商平台间的桥梁。支持金融机构加大向县域及乡镇下沉服务网点的力度，扩大支付清算系统的覆盖面，加强对农村地区支付基础设施的投入，特别是增加农村地区 ATM、POS 机、转账电话等自助设备的布放。在此基础上，推动农村金融机构营业网点全面加入现代化支付系统，大力推广网上支付、移动支付等支付工具。为此，需要进一步加强新型支付业务的宣传，同时建立客户信息、账户信息和交易信息等管理机制和风险防控措施。

同时,进一步改善贫困地区电商发展基本设施,加强交通运输、商贸、农业、供销、邮政等农村物流基础设施共享衔接,推进县、乡、村三级农村物流配送网络建设,提升贫困地区的物流条件。支持和鼓励物流企业到乡镇、村开办物流网点。对纳入政府统一管理的乡村级服务站开展物流业务的企业根据需求提供信贷支持。

3. 推动线上产品标准化与支付结算便利化

一是高效合理利用有限网络平台流量资源。选择有区域代表性、种养殖面积较大、容易标准化的产品优先上线。大力发展农村物流,为扶贫农产品的流通提供完善的物流服务。同时,结合支付结算技术水平、当地农村的信息化水平,设计合理的扶贫项目网络运营模式。如以合作社与供销社签订销售合同,委托网上供销渠道销售,由供销系统与合作社定期进行资金结算,或是由新型农业经营主体借助网络平台开店,由买卖双方直接进行支付结算。

二是建立金融机构与电商办、扶贫办等政府部门的数据共享机制。及时、准确、完整地反映金融机构对电商发展信贷支持情况,为金融服务电商扶贫提供信息支撑。推动金融、电子商务、村级服务在物理设施上的深度融合,做到科学选址,完备所需各类电子信息机具,畅通网络联接,打造扶贫项目农产品现场展示区域。

4. 实现贫困地区电商企业的联动发展

有效整合各种电商资源,引导贫困人口、电商企业与运营实力强的相关企业加强合作,逐步构建农产品进城、工业品下乡的双向流通服务网络。积极引导东部发达地区运行良好的电商企业到贫困地区设立分公司或子公司,或者对口帮扶协助或共建电商企业。根据本地特色产业情况,积极挖掘、整理本地特色产品,建立本地特色产品品牌目录,利用金融机构自身的网络与平台定期向所在区域内外大型流通企业和电商企业进行推介。同时,支持成立电商扶贫协会等社会组织并以此为平台,为农村群众特别是贫困户提供产品集货、分级包装、品牌营销、物流配送、售后保障等服务,提高应对市场的能力,形成电商企业整体联动、相互协作、共同发展、多方共赢的良好局面。

第七章

新时期提升金融扶贫绩效水平的路径选择

结合新时期扶贫工作呈现的新特征,立足于全面建成小康社会的战略目标,把以人民为中心的发展思想贯穿金融扶贫全过程。将金融扶贫的深入推进作为推进农村金融供给侧结构性改革的重要机遇和切入点,应着眼后脱贫时代的特征和乡村振兴战略的总体要求,加强农村金融发展的顶层设计,完善金融扶贫体系,努力形成具有中国特色的扶贫理论及实践模式。因此,需要结合现状进一步优化金融扶贫的资金投入、措施保障、资源配置等途径,在解决好贫困人口最直接的利益问题的基础上,更好满足新时期贫困人口多样化的金融需求。有效消除贫困的脆弱性与持久性,实现社会、经济、能力等目标的协调统一,推动贫困地区经济与社会的可持续发展。在此基础上,将乡村振兴战略的主要思想融入精准扶贫特别是金融扶贫实践中,实现金融扶贫和乡村振兴战略的有机衔接与良性互动。

一、增强贫困人口的金融知识水平与信用意识

对我国农村家庭的抽样调查结果显示,农村居民日常接触到的金融有关信息少,金融知识水平非常低[①],其中贫困人口的金融参与意识

[①] 甘犁. 来自中国家庭金融调查的收入差距研究[J]. 经济资料译丛,2013(4):41—57

特别是信贷理念尤为薄弱。因此,金融机构需要联合政府相关机构、高校等,以农民愿意接受的形式围绕丰富金融知识、增强信用意识等内容开展金融知识专题培训。

(一)加强扶贫对象的金融知识教育

运用以互联网和现代通讯手段为依托的农村信息综合服务平台广泛传播金融信息,不断拓展农村居民金融知识积累渠道。构建金融扶贫宣传培训机制,开展金融知识培训,在乡村特别是贫困地区营造学金融、懂金融、用金融的社会氛围,增强贫困人口自主学习金融知识、主动运用金融产品服务生产生活的主动性与积极性。同时,借助电视、报纸、乡村广播等媒体,通过加强宣传引导,用通俗的语言普及与居民日常生活及生产经营活动密切相关的金融知识,让扶贫对象真正熟悉扶贫政策、了解金融服务方式,主动运用金融扶贫政策改善生产经营条件。同时,鼓励商业银行、农村信用社等金融机构就近开展金融业务办理模拟活动,通过专业知识培训等方式将金融知识教育融入到实务操作之中,增强农民金融产品的运用能力。

(二)增强风险意识,消除数据安全隐患

随着扶贫进程不断深入,金融扶贫数据不断累积和增加,安全方面难免会产生一定隐患。网络化时代一些不法人员运用不正当手段非法获取数据资料的情形时有发生,追踪和防范的难度逐渐提高。近年来个别贫困准大学生遭遇电信诈骗的案例报道,引起人们对扶贫对象信息泄露的担忧。因此,如何保证数据信息的安全成为新时期扶贫开发工作需要解决的重要课题,需要采取更为严格的防护措施。根据金融扶贫的特征和要求,提升扶贫对象的金融意识,加强金融安全教育。此外,还应加强对金融扶贫从业人员的数据安全意识教育,定期进行安全宣传与安全制度考核,强化对数据安全重要性的认知。对于扶贫对象的借贷记录、财产状况、生产经营等核心数据的流转要进行精细的管理和严格控制,消除数据从搜集、输入、建立到访问权限控制等每一个环

节的安全隐患,增强金融扶贫过程中产生的各类数据信息的安全性。

(三) 加强诚信教育和感恩教育

各参与主体的诚信是保障金融扶贫工作顺利推进的基石,也是确保金融扶贫取得预期成效的重要方面。开展诚信教育,营造良好的诚信环境,结合所在区域经济与社会发展状况,将诚实守信等行为规范进行具体化,实施相应的奖惩措施,使金融扶贫参与主体认识到诚信的价值所在。一方面,对金融机构违反规定,违规操作或者套取扶贫资金等行为依法进行惩处。另一方面,扶贫对象也应做出诚信承诺,凡是接受金融机构信贷服务而脱贫的贫困户,在成功脱贫之后,要及时、足额归还所借款项。对于获得社会帮助完成学业的贫困生,要加强感恩教育,使其怀有感恩之心,积极回报社会,优先选择在家乡就业并积极参与扶贫工作。

二、进一步推动农村普惠金融体系建设

近年来,互联网和移动通讯技术在我国农村地区得到普及与推广,为完善农村金融体系提供便利条件,也有利于在一定程度上消除机会排斥、市场排斥、条件排斥等金融排斥,为普惠金融的实施提供市场条件。2018 年末,全国范围内普惠口径小微贷款余额 8 万亿元,其中农户生产经营贷款余额 5.06 万亿元,2018 年全年增加 3583 亿元[1]。普惠金融一方面可以提高农村居民收入水平,还能满足农村居民多样化的金融需求。因此,应依据国家层面普惠金融的战略规划,结合《推进普惠金融发展规划(2016—2020 年)》的具体实施,不断提高金融服务的覆盖率、可得性和满意度[2],构建和完善有效的制度法律体系和协调机制,进一步夯实普惠金融发展的制度环境和硬件设施,建立与全面建

---

[1] 数据来源:中国人民银行网站[EB/OL]. http://www.pbc.gov.cn
[2] 国务院关于印发推进普惠金融发展规划(2016—2020 年)的通知[EB/OL]. 国务院网站,
http://www.gov.cn/zhengce/content/2016-01/15/content_10602.htm

成小康社会相适应的普惠金融服务体系,有效提高贫困人口金融服务的可得性,最大限度满足人民群众日益增长的金融服务需求。

(一)构建多层次的农村普惠金融体系

普惠金融是一种能够给予服务弱势群体业务风险补偿的扶贫金融[1],一直被视为可以解决贫困问题、促进经济增长、实现包容性社会的一种重要机制。这其中,构建面向农村特别是贫困地区的多层次的金融扶贫体系,进一步扩大金融服务的覆盖面,是普惠金融发挥扶贫效应的重要环节。作为传统金融体系的补充,非正规金融凭借其低门槛、低成本、方便快捷等优势,为被正规金融服务体系排斥在外的贫困人口提供及时有效的信贷支持,大幅缓解贫困地区资金投放不足的问题,为促进贫困人口脱贫致富起到积极作用,也可以有效激活农村金融市场。

首先,实现参与金融扶贫主体的多样化。在完善相关政策法规、实施审慎监管的前提下,加大政策性银行、商业性银行等金融机构的扶贫力度。完善金融机构在贫困地区的网点布局,以营业网点为平台,加大对贫困地区的金融扶持力度,提升在贫困地区特别是重点贫困县的服务覆盖面。进一步将资源向贫困地区倾斜,在贫困县优先选择没有金融机构且金融需求较为迫切的村镇建立金融服务点,为扶贫对象提供各类基础性金融服务,构建起支农、惠农、便农的支付通道。同时,实施相应的优惠政策,鼓励包括小额贷款公司、资金互助社等金融机构在内的多元化金融组织进入农村市场,实现金融扶贫主体多元化,并对这些金融机构开办的各类业务进行严格的市场监管。

其次,降低农村金融机构的准入门槛和数量限制。充分利用政策性金融的开发性优势,将金融扶贫与城镇化建设结合起来,借助长周期、低成本的政策性金融贷款,支持贫困地区的基础设施建设,改善贫困地区的生产生活环境,为吸引社会资本开展各种扶贫活动奠定基础。充分发挥政策性银行定向特惠、放大政府信用的优势,促进农村贫困地

---

① 蔡则祥、杨雯.普惠金融与金融扶贫关系的理论研究[J].经济问题,2019(10):26—31

区金融市场发育,鼓励发展建立在农村熟人社会信用和互助合作基础上的新型合作金融组织如农村资金互助社。鼓励大型金融机构参股村镇银行,将先进的管理和服务理念延伸至贫困人口生产经营活动的第一线。促进农村金融市场的良性竞争,建立分层次、覆盖面广、效率高的农村金融组织体系。

(二) 完善面向贫困人口的普惠金融发展状况评价指标体系

普惠金融战略的推进,可以有效补齐贫困地区金融服务的不足之处,加快金融基础设施建设、保障基本民生,全面提升金融扶贫的绩效水平。因此,需要对面向贫困地区和贫困人口的普惠金融体系发展状况进行科学考核。这其中,指标体系的选取对于客观评价一个地区的普惠金融发展水平至关重要。Beck(2007)选取每百万平方公里银行网点数、每百万平方公里 ATM 数和人均贷款 GDP 占比等指标,基于金融服务的渗透情况构建了普惠金融评价指标体系。Sarma(2008)从金融机构渗透度、金融服务可获得性和使用情况三个方面构建了普惠金融指数(IFI)。Arora(2010)在考虑了普惠金融成本和便利程度的基础上,使用相对性指标衡量了发达国家和发展中国家普惠金融的水平。王婧、胡国晖(2013)用中国金融服务份额最大的存款和贷款业务反映普惠金融程度,从供给和需求角度选取 6 个指标编制了中国普惠金融发展指数。这些评价指标体系的建立都是考察一个国家和地区的整体金融发展情况,专门基于金融扶贫角度以及贫困人口金融服务获得情况的评价较为欠缺,同时更多关注的是传统金融业务的发展情况,互联网金融等现代金融发展形式关注较少。

因此,需要在综合分析现有这些指标体系的基础上,结合我国精准扶贫过程中金融机构的综合表现及扶贫对象的金融服务享受程度与运用范围,在整合金融管理数据的基础上,构建体现金融产品便利程度、服务质量等在内的考核体系,及时、动态地反映普惠金融发展状况。具体而言,需要着眼于金融发展的广度和深度,从贡献度、扶贫效果、服务覆盖率、发展可持续性等方面构建指标体系,对普惠金融发展情况进行量化考核,推动普惠金融工作监测与考核制度有效实施。同时,贫困地区特别是连片贫困区应该根据当地金融与产业发展现状适当增减指标,使指标体系更为科学、更加全面、更有针对性,测评结果更加贴近发展状况,全面反映贫困人群使用金融资源和享受金融服务的平等性和便捷性。

三、通过金融产品的创新增强扶贫的有效性

在脱贫攻坚的新时期,需要立足不同区域产业发展以及贫困人口存在的主要不足,进一步提高农村金融产品和服务的瞄准度。针对不同群体个性化设计金融产品,最大限度满足农村多样化的金融需求,提高精准性与有效性,确保农村地区特别是贫困地区金融业务持续发展和服务持续改善,实现社会效益与经济效益的有机统一。

(一)积极推广融资租赁业务

融资租赁20世纪50年代源自美国,在美、日等发达国家覆盖率已经达到20%—30%,成为与银行信贷同等重要的融资工具[1]。改革开放初期,为弥补资金不足,拓展利用外资的渠道,我国运用融资租赁方式,在引进国外先进机器设备、开辟外资运用方式、扩大经济技术合作等方面都做出了有益的探索和尝试[2]。作为列入国家重点发展的生产性服务业,融资租赁以"融物＋融资"代替单一融资方式,进入以设备为载体的资本活动领域,实现资金向生产性资本的转化,确保资金直接进入实体经济。由于具有兼顾融资、融物双重功能的多方安排,融资租赁为资金需求者提供了一种成本较低、较为便捷的融资方式。租赁物品的多样化和业务内容的广泛化,与租赁形式的多样化实现良性互动。

在日常生活层面,由于融资租赁只要先支付少量的保证金就可以使消费者拥有产品的使用全,滞后只需要依照合同规定的方式支付租

---

① 李志辉、孟颖. 涉农融资租赁产品创新研究[J]. 金融理论与实践,2016(1): 94—97
② 张志坚. 我国融资租赁发展的问题与对策[J]. 山东社会科学,2015(3): 123—126

金,从而缓解了消费者临时的大额支付压力,有利于平滑消费者的日常消费支出结构。在租赁活动到期后,消费者具有购买的选择权,因而可以自行决定是否购买。因此,这种方式对于较低收入水平的贫困人口而言,可以在消费过程中更有效地控制和防范消费风险。

在生产经营层面,对于贫困人口而言,可以针对收入水平普遍较低的状况,采取若干家庭联合租赁的方式共同租赁生产经营所需的农业机械设备。租金也可以根据使用情况或者共同约定的方式共同承担,从而可以确保农业生产经营活动的正常开展,也有利于推动农业生产的现代化水平。

经过几十年的发展,我国融资租赁业务范围不断扩展,目前已经包括直接融资租赁、售后回租、杠杆租赁、经营性融资租赁等模式,具体产品也涵盖了物品、基础设施、不动产等方面。作为一种新的金融产品,融资租赁可以满足贫困人口不同层次的融资需求。租赁物管理是融资租赁业务的核心业务之一,能够解决贫困人口资金缺乏、但急需生产要素这一困境,可以运用包括租赁物增值管理和残值管理在内的多样化的租赁物管理手段,加大政策扶持力度。涉农融资租赁将融资和融物合二为一,注重交易对象的筛选,通过精准确定扶贫对象的金融需求,充分考虑各种不确定性,有利于合理确定目标客户群。

从现状来看,融资租赁作为一种新型融资方式,在我国广大农村地区仍处于推广阶段,我国涉农融资租赁则仍处于起步阶段,一些涉农企业和扶贫对象认识的不够充分,重买轻租的观念仍较普遍。因此,各级政府应结合扶贫进程加大对融资租赁业的资金支持,引导各类社会资本进入融资租赁行业,在农村地区特别是贫困地区发展涉农租赁业务。同时,积极推动融资租赁公司进一步完善公司治理结构与内部控制体系。在此基础上,优化涉农租赁产品结构,推动以服务贫困地区产业发展及贫困人口生产与生活需求为主要业务的融资租赁公司的发展。

就具体操作方式而言,对于以扶贫为主要业务的融资租赁公司,中国人民银行可以通过抵押补充贷款方式向其提供基础货币投放,增加资金来源。同时,在风险可控的前提下鼓励融资租赁公司探索包括融资证券化在内的多元化融资方式,保证有充足的可支配资金。通过跨区域采用区域间的租赁方式,有利于从发达地区市场引进先进设备,推动中西部贫困地区涉农企业设备更新换代,降低企业的更新改造成本。在此过程中,将经济发达地区的闲置设备转移到贫困地区,有利于区域间产业的梯度转移。

根据我国贫困地区的发展状况,可以考虑借鉴马达加斯加的CECAM租赁公司所采取的措施,由相互熟悉的贫困人口组成共同承租小组,每一位成员对承租物品进行联合担保,成员之间相互监督,确保租赁资产的合理使用[①]。一旦出现违约不能如期支付租金的现象,小组其他成员负有连带经济责任,必须代为偿付租金。同时,还可以从信誉度较高的涉农小微企业入手,优先考虑信贷记录良好的企业,选择处于成长期、行业发展前景好、管理规范、负债率较低的企业作为承租人。

(二) 通过供应链金融方式进一步拓宽融资渠道

供应链金融将供应链的思想融入金融系统中,通过指导与控制相关经济主体之间的资金流动创造价值,同时围绕金融服务供给提供价值增值服务。在现代金融体系中,商业银行根据实际情况选择资质较好的农业经营主体作为融资对象,并为农业供应链成员提供信贷融资解决方案,形成以农业企业或合作社等农业经营主体为核心的供应链金融[②]。农业供应链金融通过相对有效的征信系统和完善的风险防控机制,向农业供应链成员提供信贷融资服务,对农业供应链整体进行授信,为供应链各环节提供专项贷款服务,破解农户信贷融资难题。对于农业生产中违约现象普遍等突出问题,农业供应链金融信贷可以较好解决信息不对称导致的逆向选择、道德风险、审计成本等难题,减少农村信贷失灵和农村金融资源错配。通过发展农业供应链金融,将小农

---

① 刘东海. 融资租赁制度的国际比较与创新[M]. 延吉：延边大学出版社,2012
② 申云、张尊帅、贾晋. 农业供应链金融扶贫研究展望—金融减贫机制和效应文献综述及启示[J]. 西部论坛,2018(5)：30—36

户纳入现代农业生产体系,强化利益联结机制,提高小农户和新型农业经营主体融资可得性,有利于更好地发挥金融杠杆作用,强化脱贫成效。

在金融扶贫实践中,以农民合作社为载体的农业供应链金融信贷,能够较好地发挥金融杠杆作用,促进城乡金融要素双向流动①。政府在精准扶贫过程中通过对贫困农户实施建档立卡,实现与金融机构信息共享,降低金融机构收集信息成本。在供应链中通过实施正向激励以及失信惩戒机制为贫困农户实施增信,以保证还款率。可靠信息的传递在大大降低了信息不对称问题的同时,也建立起正规金融机构、贫困农户、乡村中介以及核心企业之间的纽带关系。

在农村扶贫金融体系发展不完善的背景下,农业供应链金融能够凭借自身较高的灵活度配合财政金融政策释放减贫效应,将金融扶贫工作从最初的广纳式过渡到涓滴式最终达到益贫式的发展路径,在兼顾效率和公平的同时,能够推动金融服务发展所带来的收入分配的变化和减贫效果呈同向发展②。在此基础上,充分运用互联网、大数据等技术进一步提升农业供应链金融的层次与水平,提高贫困农户的信贷可得性,以科技手段来助推农民合作社供应链金融信贷的普惠性。

从实践来看,农业供应链金融信贷既能有效突破商业银行的传统授信约束,也能提供信用抵押担保。互联网的快速发展能够有效提供低成本的交易平台,原先以实体核心企业为主的农业价值链联结主体可以利用互联网平台进行交易。为从事农业生产的扶贫对象提供低成本、高效率、可靠安全的金融服务,成为金融支持农业发展进而促进农户减贫增收的有效路径。在农业价值链金融整体运作中,贫困农户、村评议小组、政府机构、电商平台以及商业银行之间的合作能够克服地理位置限制,实现"资金流""仓储物流""信息流"的有机结合,确保价值链

---

① 申云、李庆海、杨晶. 农业供应链金融信贷的减贫效应研究—基于不同主体领办合作社的实证比较[J]. 经济评论,2019(4):94—107
② 张雅博. 中国农业价值链金融扶贫模式研究[D]. 沈阳:辽宁大学,2018:97

金融实现可持续运行,以多样化的融资方式提升贫困农户自身可行能力以及增收减贫效果。

四、加强金融扶贫的制度建设与专业人才队伍建设

健全的制度体系和高水平的人才队伍是金融扶贫取得预期效果的重要保障。制度建设直接关系到金融扶贫工作的成效以及农村金融市场的发展水平,健全的规章制度和完善的法律体系是金融扶贫顺利推进的重要基础。此外,专业人才队伍建设对金融扶贫进程的顺利推进至关重要。习近平总书记在东西部扶贫协作座谈会上强调:"要加大对西部地区干部特别是基层干部、贫困村致富带头人的培训力度,打造一支留得住、能战斗、带不走的人才队伍。"[①]这为贫困地区人才队伍建设指明了方向。

(一) 加强金融扶贫的制度建设

金融扶贫要建立在一个完善的制度体系基础之上,从制度上将金融扶贫法制化,是增强金融扶贫过程中各参与主体执行力的重要保障,也是实现金融扶贫科学化和规范化的必由之路。从实践来看,我国金融扶贫法规体系涉及农业法、银行法和保险法等部门性法律规定。《中华人民共和国农业法》是当前涉农工作最直接、最有效的法律依据,但是对于农村金融扶贫方面,也仅仅是从个别章节上有所规定,没有系统的、完整的条款给予支持。《中国人民银行法》《商业银行法》等金融领域的法律也仅仅是从金融层面进行规定,对于农村金融领域,没有详尽和完善的规章制度,也难以作为农村金融扶贫基本法加以使用。因此,在具体操作过程中,更多依据的是中央政府颁布的政策性文件和各政府部门编制的部门规章以及临时颁布实施的各种临时性政策文件,主

---

① 习近平在东西部扶贫协作座谈会上强调认清形势聚焦精准深化帮扶确保实效切实做好新形势下东西部扶贫协作工作[EB/OL]. 新华网, http://www. xinhuanet. com//politics/2016-07/21/c_1119259129. htm.

要是中国人民银行、银监会、证监会、保监会等金融监管部门制定的一系列政策性规范、行政法规,还包括大量的部门规章制度,行政性与政事性过于浓厚,效力层级整体偏低。

因此,需要在总结国内外金融扶贫经验与教训的基础上,结合农村经济与社会发展呈现的新特征,进一步完善相关法律与法规,特别是涉农金融法规、政府扶持政策、风险防范机制等,增强制度建设的前瞻性。从参与主体、政策实施、资金供给、资金运行、资金监管等角度对现有涉及金融扶贫的法律条文与相关规定进行完善,进一步明确各参与主体的权利和义务关系,构建多层次的合理的金融扶贫法律体系,体现金融扶贫规范的整体性和统一性。用法治思维引领和规范金融扶贫工作,保证扶贫政策连续性,保障扶贫资金运行安全性,有效巩固扶贫开发成果,推动金融扶贫在制度化与法治化的轨道上顺利前行。

通过制度层面特别是法律层面对农村金融扶贫的相关事项进行详细规范,既使金融扶贫工作规范有法律依据,还可以加强法制社会中农村居民特别是贫困人口的法律意识。因此,金融扶贫制度建设应该从金融扶贫的实施主体、扶贫对象、以及政策实施、资金供给、资金回笼、资金监管等层面进一步完善。注重维护贫困人口的切实利益,保护贫困人口的发展权。地方政府特别是连片贫困区和深度贫困地区可以结合本地实际情况,制定有区域特色的地方性金融扶贫专项法规,通过完善金融扶贫法律法规,增加金融扶贫的制度供给,进一步规范金融扶贫行为,用法律规范协调不同参与主体之间的利益关系。一旦出现纠纷时有法可依,并严格按照法律法规进行执法,对违反法律法规的行为及时纠正给予相应的惩罚措施。

(二) 加强金融专业人才队伍建设

金融扶贫的重点在于解决贫困人口面临的金融排斥问题,提高金融服务的可获得性,为他们提供投资、生产从而改变贫困面貌的机会。在这一过程中,高层次人才的技术智力优势,对于贫困地区和贫困人口而言是急需和紧缺的,需要面向贫困地区实施更开放与更有效的人才政策。实践证明,投资农业往往对劳动者和经营者的素质要求很高,要具有生产技术、经营管理的知识和技能,还要有几年投资得不到回报的心理准备与基本条件,以及抗击市场风险和自然风险的能力。因此,首先要有情怀,要懂农业、爱农村、爱农民,同时对可能面临的困难有清醒的认识。

一是加快贫困地区人力资源开发进程。通过多种途径有效开发贫困地区人力资源,破解人才不足这一扶贫进程中特别是金融扶贫的制约因素,形成专业人才建设的长效机制。要加强农村专业人才队伍建设,培养一批农业职业经理人、乡村工匠、文化能人、非遗传承人等。在此基础上,进一步创新体制机制,鼓励社会各界优秀人才投身金融扶贫事业,进一步提升金融扶贫的层次与水平。另外,推进发达地区对贫困地区和扶贫领域的金融专业人才支援,推进金融领域的专业人才双向挂职、双向交流,提高人才支持和培养工作的精准性,最大限度满足金融扶贫工作对专业人才的需求。

二是激励贫困人口提升学习能力。引导贫困人口积极接触新理念、学会利用新技术,主动学习金融贷款事项,提高对基础金融知识的认知,合理规划利用扶贫资金,提升资金的利用效率。要大力培育新型职业农民,提升劳动力素质。坚持教育资金的投入向贫困地区倾斜,除加强基础教育之外,还应强化贫困地区群众的职业技能培训,帮助他们学习与农业相关的专业知识,为贫困地区培养一批满足所在区域经济发展需求的新型职业农民。

三是为贫困地区人才建设营造良好的氛围与环境。劳动力特别是乡村精英人士的外流已成为制约贫困地区经济和社会发展的重要因素。因此,需要在进一步完善针对专业人才激励机制的基础上,构建重视人才、人尽其才的良好社会氛围,增强农村地区特别是贫困地区对人才的吸引力。支持高校与乡村特别是贫困地区加强联系,提升合作层次与水平,在人才培养、科技创新、职业培训等方面充分发挥高校的独特优势,加大对贫困地区可持续发展的人才支持。

五、推动绿色金融扶贫进程

经济发展必须是自然环境和人类自身可以承受的,社会发展与经济繁荣不应以牺牲自然环境为代价,不能因盲目追求生产增长而造成生态危机甚至导致人类的生存环境。但本世纪以来以高投入、高消耗、高污染为特征的生产模式和消费模式盛行,在带来经济高速增长的同时也消耗了大量的自然资源,严重破坏了生态环境,因此,绿色经济作为应对措施受到国际社会广泛关注。2012 年召开的联合国可持续发展大会将"可持续发展和消除贫困背景下的绿色经济"作为主要议题之一,绿色经济与绿色发展已经成为世界各国高度重视的发展问题。

在我国即将全面建成小康社会的历史新时期,可持续发展理念与生态文明建设被摆在更突出的位置。发展绿色经济,将绿色金融融入到社会经济发展和生态文明建设中,已成为我国高质量发展阶段的重要战略。在此进程中,绿色金融作为经济资源配置的核心,发挥重要作用。因此,金融扶贫过程中更需要融入绿色发展理念。绿色金融可以为绿色项目提供融资和咨询服务,银行等金融机构根据其掌握的关于投资环境、投资市场以及备选投资项目等相关信息,在精准扶贫项目过程中开展绿色投资相关的评估工作和产品服务。

(一) 绿色金融扶贫的内涵

绿色金融是指为支持环境改善、应对气候变化和资源节约高效利用的信贷及相关金融活动,即对环保、节能、清洁能源、绿色交通、绿色建筑等领域的项目投融资、项目运营、风险管理等所提供的金融服务[①]。绿色金融侧重于构筑一种有助于可持续发展的金融系统,根据金融系统的目标设定融资标准,提升经济可持续发展的潜力,加速产业

[①] 中国人民银行等. 关于构建绿色金融体系的指导意见[EB/OL]. 中国人民银行网站, http://www.pbc.gov.cn/goutongjiaoliu/113456/113469/3131687/index.html

结构、能源结构和交通运输结构的绿色转型,提升经济的技术水平,降低经济增长对生态环境的负面影响。

绿色金融产品和服务是绿色金融体系的重要组成部分,反映金融市场对绿色产业发展的支持方式和力度。绿色信贷模式是指金融机构在信贷业务过程中,优先支持有利于推动生态文明建设的有机农业、生态农业及其关联产业的发展。扶贫过程中的绿色金融是指以实现贫困地区生活富裕与生态宜居为目标,通过设计合理的绿色金融工具,构建激励贫困地区绿色经济活动的金融体系与运行机制,引导金融机构将产品和服务重点投向贫困地区的绿色产业、节能环保等领域,以带动贫困地区可持续脱贫的一种扶贫方式。

(二)当前我国扶贫领域绿色金融发展现状及存在的主要不足

传统的粗放式发展方式下,经济增长过程中需要付出巨大的环境代价,生态环境遭到较为严重的破坏,影响人民群众的生活质量,这与以人民为中心的发展思想相违背。因此,我国政府高度重视绿色金融发展。中国人民银行、财政部等部委于 2016 年联合发布《关于构建绿色金融体系的指导意见》,提出支持和鼓励绿色投融资的一系列激励措施,这也是世界范围内第一个比较完整的支持绿色金融发展的政策框架①。该文件要求通过再贷款、专业化担保机制、绿色信贷支持项目财政贴息、设立国家绿色发展基金等措施支持绿色金融发展。从实际来看,贫困地区大多生态环境比较脆弱,资源承载力较低。因此,扶贫过程中经济建设和生态保护任务同等重要,保护生态环境就是保护生产力。

但由于参与主体缺乏绿色发展理念,一些扶贫项目往往只顾经济利益而忽视生态问题,我国精准扶贫过程中的绿色金融发展仍然存在一些不足。

---

① 中国工商银行与清华大学"绿色带路"项目联合课题组. 推动绿色"一带一路"发展的绿色金融政策研究[J]. 金融论坛,2019(6):3—17

一是扶贫开发参与者缺乏绿色发展理念。从可持续发展角度来说,绿色扶贫方略的实施应该有绿色的扶贫理念。绿色发展是对现阶段我国传统发展方式的突破,坚持保护环境和节约资源是我国的基本国策,坚持可持续发展战略是长久的文明发展道路。绿色发展是推动贫困地区发展的良好方式,有利于实现该地区的可持续发展。但如果扶贫开发参与主体不完全认可绿色发展理念,在实践中不践行绿色发展方式,相关的措施就难以真正实施。就现状而言,我国参与扶贫过程的各类经济主体的绿色扶贫意识不足,相关人员缺乏专业技能和绿色发展理念,对生态环境保护还缺乏专业的了解和认知。这样的基层扶贫开发者根本无法带领人民群众实现真正的绿色开发扶贫,就无法真正实现绿色扶贫的预期目标。

二是扶贫对象的环保意识较为薄弱。传统的扶贫方式通常采用的是政府对贫困地区的财政支持和补贴,或者组织社会资助的方式来解决贫困问题,难以激发本地区群众的环保意识。只有当扶贫对象通过某种具体方式参与,真正成为绿色发展的重要主体,才会更好贯彻实施绿色扶贫方略。研究表明,群众参与环保的积极性往往和经济发展程度密切相关,贫困地区的居民参与度往往较低,参与意识较为薄弱。贫困地区的经济落后导致环保教育的缺位,包括绿色意识以及可持续发展意识等在内的环境教育的缺位让人民群众缺乏接受绿色发展意识的机会。因此,生态环保参与意识的薄弱是难以有效避免贫困地区污染性投资、制约绿色扶贫体系构建的重要因素。

(三) 推进绿色金融扶贫实现绿色发展的主要措施

绿色发展不仅指生态良好,还包括节约、低碳、循环、安全等方面的要求。只有实施低碳扶贫,推进绿色发展,才能实现经济增长与生态环境保护的有机统一,从而打造人与自然和谐共生的发展格局。因此,在精准扶贫的决胜阶段,需要牢固树立"绿水青山就是金山银山"的发展理念,坚持把绿色发展、循环发展、低碳发展作为基本途径。以此为指导思想,进一步创新生态扶贫机制,加大贫困地区生态保护修复力度,实现生态改善和绿色脱贫的良性互动与共同推进。

1. 建立和完善绿色金融发展的激励和监管机制

各级政府应加强立法和建立激励机制来鼓励贫困地区的绿色金融发展,破除绿色金融发展制度性障碍,推动区域金融组织建立绿色金融投资部门。引导金融机构强化农村资源环境、生态保护和社会责任意识,将绿色金融理念落实到金融扶贫实践中,强化金融机构社会责任意识以及消费者的绿色消费意识。明确银行的环境法律责任,允许污染受害者起诉向污染项目提供资金的、负有连带责任的贷款性金融机构。根据以民事责任为主,行政与刑事责任为辅的原则,明确银行等金融机构对所投项目环境影响的法定审查义务,确立银行等贷款人的环境影响法律责任。同时,采用财税、金融等手段改变资源配置的激励机制,让金融配置的激励机制发挥关键作用①。如果信贷资金更多投向绿色与环保领域,土地、劳动力等其他资源也将可能会实现优化配置。这就要求建立一套绿色金融体系,引导金融资源投向绿色项目的激励机制,从而进一步保护贫困地区生态环境。

2. 增强金融机构的环保和绿色理念

开展面向企业和社会公众的环境风险管理知识普及工作,进一步强化金融机构关于农村生态环境保护的责任意识,将绿色发展理念融入到金融机构的业务发展之中。在制定和完善绿色金融发展战略基础上,实施差别化的信贷政策,在投融资业务中执行绿色标准。提高绿色项目的投资回报率,降低污染性项目的投资回报率,将农村和农业生态保护纳入到信贷准入标准。积极开展环境信息披露和环境风险分析工作,通过标准和工具去引导客户不断提高其绿色表现以及环境和社会风险防范的能力,进而找准金融扶贫的切入点进行精准对接,建立评级授信"黑名单"制度,防止贫困户、村镇或企业"伪绿"行为。同时,积极宣传绿色金融领域的优秀案例和业绩突出的金融机构和绿色企业,推动形成发展绿色金融的广泛共识。

---

① 马骏.论构建中国绿色金融体系[J].金融论坛,2015(5):18—27

3. 实现绿色金融发展与精准扶贫进程的有效协调

目前贫困人口和未脱贫地区大多数位于深度贫困地区,绿色金融就可以作为金融服务的有效供给手段之一,推动生态保护脱贫和扶持绿色生产的脱贫方式。地方政府和金融机构可以面向贫困地区建立区域性绿色发展基金,通过建立专业化绿色担保机制、确立发展基金重点投资领域等方式,吸引更多社会资金投资于绿色产业。在确保执行国家绿色发展战略及政策的前提下,支持所在区域的绿色产业发展,并进一步完善收益和成本风险共担机制。在经济发展中促进农村生态环境保护,实现贫困地区经济发展与生态环境保护达到双赢,促进绿色金融与脱贫攻坚工作供给与需求的有效协调。具体而言,可以直接对贫困农户进行绿色小额信贷,对参与扶贫的企业进行间接绿色信贷。在贷款过程将项目及其运作公司与环境相关的信息作为考察标准纳入审核机制中,实现金融扶贫工作与生态文明建设的良性互动。

4. 建立环境污染强制责任保险制度

积极发展绿色保险,推动修订环境污染强制责任保险相关法律或行政法规。选择环境风险较高、环境污染事件较为集中的领域,将相关企业纳入应当投保环境污染强制责任保险的范围。为加强环境风险监督提供支持,鼓励保险机构发挥在环境风险防范方面的积极作用。通过在企业社会责任报告中开辟环境信息专栏等方式进行环境信息披露,并将发现的环境风险隐患通报环境保护部门,为加强环境风险监督提供支持。同时,完善环境损害鉴定评估程序和技术规范,一旦出现环保事件指导保险公司要加快定损和理赔进度,及时救济污染受害者、降低对环境的损害程度。

六、完善贫困地区公共服务的质量与水平

完善的公共服务体系既有利于改善贫困人口生活水平,也是贫困地区提升经济发展水平的重要支撑。统筹社会救助体系,促进扶贫开发与社会保障有效衔接。根据贫困地区经济与社会发展状况,以及地

方政府财力状况,分别选择市场供给、政府供给和 PPP 等不同供给模式,增强新时期贫困地区公共服务的供给能力,确保其基本公共服务主要指标接近全国平均水平。同时,有效整合各种公共服务的数据信息,构建面向扶贫对象和贫困地区的公共服务和社会救助信息共享平台,进一步提升公共服务的信息化水平。

(一) 加强贫困地区基础设施建设

基础设施建设是精准扶贫取得预期成效的重要条件,也是金融扶贫的基础性工作,需要统筹协调各部门、各行业参与建设的政策和资源,构建贫困地区功能配套、高效运转的现代化基础设施体系。

1. 加快实施交通设施建设

2019 年颁布实施的《交通强国建设纲要》提出,"大力推进革命老区、民族地区、边疆地区、贫困地区、垦区林区交通发展,实现以交通便利带动脱贫减贫,深度贫困地区交通建设项目尽量向进村入户倾斜。推动资源丰富和人口相对密集贫困地区开发性铁路建设"[①],这为贫困地区交通设施建设提供了难得的发展机遇。应抓住这一有利时机,在贫困地区加快建成外通内联、安全便捷的交通运输网络。结合建设纲要的具体实施,科学制定和实施贫困地区综合交通体系规划,尽快实现具备条件的乡镇、建制村通硬化路,基本解决村内道路泥泞、村民出行不便等问题。同时,在推进国家铁路网、国家高速公路网连接贫困地区项目建设的过程中,加快贫困地区普通国省道改造和支线机场、通用机场、内河航道建设。在此基础上,以示范县为载体,加强公路与城市道路衔接,进一步完善贫困地区的交通体系。

2. 完善电力和网络建设

实施贫困地区农网改造升级工程,加强电力设施建设,建立电力服务监测评价体系。引导电网企业做好贫困地区农村电力建设管理和供

---

① 中共中央、国务院印发《交通强国建设纲要》[EB/OL]. 国务院网站,http://www.gov.cn/zhengce/2019-09/19/content_5431432.htm

电服务,全面解决贫困地区生产和生活用电问题,进一步提高贫困地区电力服务水平。同时,深入实施网络扶贫行动,统筹推进网络覆盖、农村电商、网络扶智、信息服务、网络公益等工程向纵深发展,为"互联网+"扶贫模式提供足够的基础条件。完善电信普遍服务补偿机制,引导基础电信企业加大投资力度,鼓励基础电信企业针对贫困地区和贫困群众推出资费优惠举措,支持金融机构及相关企业开发有助精准脱贫的移动应用软件与智能终端。

3. 推进贫困地区环境整治工作

开展贫困地区农村人居环境整治行动,根据《中共中央、国务院关于打赢脱贫攻坚战三年行动的指导意见》提出的原则性要求,因地制宜确定贫困地区村庄环境整治目标,重点推进农村生活垃圾治理、卫生厕所改造。开展贫困地区农村生活垃圾治理专项行动,通过电子屏、宣传栏、横幅等方式广泛宣传农村生活垃圾治理的重要性,提升农村居民的环境保护意识。通过开展集中整治行动,逐步实现乡村特别是贫困地区的人居环境从脏、乱、差向净、畅、丽的转变,为实现生态宜居的美丽乡村奠定坚实的基础。

此外,还应努力改善贫困地区的生产条件。推进贫困村农田水利、土地整治、中低产田改造和高标准农田建设。抓好以贫困村为重点的田间配套工程和高效节水灌溉工程建设,进一步提升贫困地区抗旱水源保障能力,最大限度降低自然灾害对贫困地区农业生产的影响。

(二) 进一步完善社会保障体系

完善社会保障制度,构建多层次、全方位的社会保障体系,是有效化解贫困风险的重要途径。首先,需要提高新型农村合作医疗和救助保障水平,健全基层医疗服务卫生体系,优化贫困人口生活安全网络体系。完善城乡居民基本养老保险制度,实现全国异地就医联网直接结算,为在外务工的贫困人口提供更为便利的条件。在此基础上,建立农村居民基本养老保险待遇以及基础养老金标准的正常调整机制。统筹城乡社会救助体系,完善最低生活保障制度,做好农村社会救助兜底工作。努力提升新型农村合作医疗和救助保障水平,健全基层医疗卫生服务体系。重点在职业培训、医疗保障、生活救助、就业服务等方面加大转移支付力度,增强地方政府对贫困地区基本公共服务的供给能力。

同时,进一步完善针对农村留守儿童和妇女、老年人以及残疾人等重点群体的服务体系。不仅使没有生产经营能力的农村特殊贫困人口通过收入转移和其他福利政策来摆脱贫困,而且可以将流动人口的贫困问题逐步纳入社会保障体系中加以解决。在完善政策兜底政策的基础上,2020 年之后,对因重大自然灾害、市场剧烈波动、疾病等不可抗力产生的贫困人口和返贫人口,应通过完善的社会保障制度最大限度满足致贫、返贫对象最基本的生存和发展需求。

七、实现金融扶贫措施与乡村振兴战略的有效衔接

2020 年脱贫攻坚目标如期实现,这既是脱贫攻坚的完成期,也是脱贫攻坚和乡村振兴的交汇期,必须做好脱贫攻坚特别是金融扶贫措施与乡村振兴战略的有机衔接和统筹推进。

(一) 推动金融扶贫与乡村振兴有效衔接的必要性

金融扶贫过程中,金融机构与帮扶工作队成为农村产业发展的主力军,在方式选择、生产经营等层面进行具体帮扶,甚至通过对口帮扶部门以购代捐的方式消化农产品。脱贫攻坚任务完成之后,一些对口帮扶人员可能会陆续撤离。因此,如何实现贫困地区的经济可持续发展成为亟待解决的重要课题。另一方面,2020 年后我国人口全部进入小康社会,绝对贫困消除。但相对贫困问题仍然会长期存在,成为我国面临贫困问题的主要特点。因此,现行的基于消除绝对贫困的贫困治理体系应逐步转向以解决相对贫困问题为重点,特别是实现与乡村振兴战略的有效衔接。

《中共中央国务院关于实施乡村振兴战略的意见》提出了实施乡村振兴战略的目标任务和时间表。到 2020 年,乡村振兴战略的制度框架

和政策体系基本形成。到 2035 年,乡村振兴取得决定性进展,农业农村现代化基本实现,乡村振兴将伴随我国全面实现现代化的进程。乡村振兴战略的推进,需要精准扶贫、乡村重建和社会创新等方面综合发力。因此,必须结合乡村振兴战略的实施,关注农村脱贫地区的后续和继续发展问题,兼顾乡村振兴的长远战略计划,让扶贫攻坚行动与乡村振兴战略能实现无缝对接,不搞重复建设,避免贫困地区本来就稀缺的各种资源的大量浪费。结合乡村振兴战略的实施,进一步巩固减贫成果,构建脱贫攻坚特别是金融扶贫与乡村振兴战略同步推进与协同发展的运行机制。不仅能够在一定程度上提高脱贫攻坚的绩效水平,同时也将推动乡村振兴战略的有效实施。

(二) 推动金融扶贫与乡村振兴战略协同发展的基本途径

在推进脱贫攻坚特别是金融扶贫与乡村振兴衔接的进程中,需要比对金融扶贫与乡村振兴战略两者的目标任务和工作措施,寻找金融扶贫顺利过渡到乡村振兴的制约因素和有利条件。在外部提供贫困人口参与经济发展机会与渠道的基础上,从内部增强贫困人口参与的能力与水平,增强扶贫对象的可持续发展能力。

一是进一步加强金融基础设施建设。完善农村金融支付体系,构建多层次、低成本、广覆盖的现代化支付结算服务网络。在实现金融机构乡镇层面全覆盖的基础上,努力提高村一级的金融网点覆盖率。充分利用先进的科技手段和现代化的金融机具,如利用移动支付、互联网支付等新兴电子支付方式来弥补偏远贫困地区金融服务的空白,畅通农村地区非现金结算渠道。在金融机构网点难以设置的偏远贫困地区加大 ATM、POS 设备的布设力度,使金融自助服务终端延伸至偏远地区,实现农村支付环境建设"村村通"。利用助农取款自助设备拓展小额转账和取现、补贴发放、公共事业交费等支付功能,提升偏远农村地区的基础金融服务水平和支付结算服务水平。

二是提升农村金融服务专业化水平。与发达国家相比,我国农村金融服务专业化水平程度仍然较低,区域发展也不均衡。需要通过改进现有激励方式,吸引高水平人才,留住内部优秀人才,解决从业人员数量不足、综合素质偏低等制约因素,充分调动专业技术人员参与金融扶贫进程的积极性。同时,优化培训机制,加大服务能力与大数据技术应用等方面的培训力度,提高金融扶贫从业人员在数据搜集与数据平台操作、分析软件使用等方面的专业技能,进一步提升数据分析水平,增强专业化服务能力。

三是提升贫困地区的治理水平。乡村振兴战略是现阶段我国农村地区经济社会发展的必然选择,涉及农村基本经营制度、农村集体产权制度、农业生产模式等方面的改革,需要进一步完善金融脱贫的长效机制,实现农业全面升级、农村全面进步和农民全面发展。因此,提升贫困地区的治理水平至关重要。对公共事务的参与程度与参与方式是衡量居民参与能力的重要标志,需要提升我国乡村治理能力,增加贫困人口参与的渠道与方式,确保贫困人口享有更加广泛、更加充分的参与权利,增加贫困人口参与决策、组织和实施项目的机会,以及融入社会、参与社会公共事务治理的机会,增强贫困人口内生发展动力。

第八章

经济新常态下安徽省金融扶贫
主要举措和路径安排

在全国金融扶贫总体框架体系下,不同地区应结合当地的实际情况,因地制宜制定金融支持扶贫的具体政策,推动所在区域脱贫攻坚进程。安徽省贫困人口数量多、分布广,并按照这一部署采取多项措施推进扶贫进程,具有一定的代表性。尽管金融扶贫工作已经取得阶段性成果,但仍面临政策引导力不足、基础设施薄弱、风险多元化等各种挑战,供给成本高、信用体系不健全、涉农金融产品供需不协调等问题制约金融扶贫进程。需要创新扶贫方式,融入扶贫新理念,因地制宜,从创新金融工具、发展普惠金融、加大对连片贫困区的金融支付力度等方面采取具体措施,构建符合金融发展规律并有利于增强贫困人口内生动力的扶贫体系,进一步提升金融扶贫的层次与水平。

一、安徽金融扶贫主要成效及新时期面临的挑战

作为一个老区多、贫困县多的人口大省与农业大省,安徽省贫困人口数量多、居住分散,扶贫任务非常艰巨[①],是扶贫任务较重的省份之

---

① 精准扶贫实施时,安徽共有 20 个国家级贫困县(包括 12 个大别山集中连片特困地区县)和 11 个省扶贫开发重点县,建档立卡贫困户 188 万户,贫困人口 371 万人,分布在 1198 个乡镇、14009 个行政村。

一。全省所有地级市、70个县(市、区)均有扶贫开发任务,其中国家级贫困县20个、省级贫困县11个。近年来,全省深入实施精准扶贫政策,结合贫困地区经济运行状况和贫困人口生活水平,在推动扶贫与扶志、扶智有机结合的进程中,强化金融扶贫引领作用,注重增强资源整合能力和创新驱动能力,不断提升金融扶贫的层次与水平,贫困地区经济发展水平逐渐提升,贫困人口大幅减少,贫困发生率大幅下降,贫困地区人均可支配收入大幅增加,贫困地区生产生活条件大幅提升。

全省贫困人口从2011年的790.2万人减少到2017年底的120.2万人,6年减少670万,贫困人口年均减少超过100万,同期贫困发生率从12.6%降至2.2%(具体如图8.1所示)。2014年建档立卡以来,减贫工作取得明显成效。截至2018年底,共有441.6万贫困人口脱贫、2936个贫困村出列、22个贫困县摘帽。其中,仅2018年一年全省就有18个贫困县摘帽,725个贫困村出列、72.6万贫困人口脱贫的年度目标如期实现,贫困发生率进一步降至0.93%。

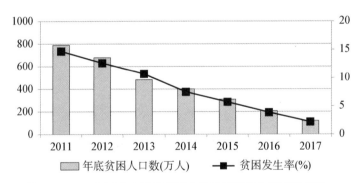

▼图8.1　2011年以来安徽省贫困人数及贫困发生率变化趋势▼▼

当前,我国经济正处于由高速增长向高质量发展转变的新时期。党的十九大提出到2020年确保现行标准下的贫困人口全部脱贫,这一具有重要意义的预期目标的期限日益临近,扶贫开发进入冲刺阶段,安徽省的金融扶贫工作也到了攻坚克难的关键时期。在此背景下,转变经济发展方式、提升经济增长质量是应对经济新常态的重要内容,其中金融产业竞争力的增强尤为重要。但由于安徽经济发展水平相对落后,金融创新能力相对而言较弱,农村金融排斥现象仍较为普遍,提升金融扶贫的绩效与水平面临较大考验。

(一)扶贫对象金融需求规模和结构发生新变化

近年来,安徽省农村居民收入水平不断提升。2001 年到 2018 年,农民人均收入从 2020 元增至 13996 元,18 年间增长了近 7 倍,具体如图 8.2 所示。其中 2018 年同比增长 9.7%[①],农村居民收入与全国平均水平差距比上年缩小 53 元,扭转了绝对差距逐年扩大的局面。随着收入水平的提升,全省农民消费水平也逐渐提高。2018 年全省农村居民平均每人支出 12748 元,同比增长 14.8%[②],农民的信贷需求也因此呈现上升趋势,农村金融消费需求潜力逐渐释放。

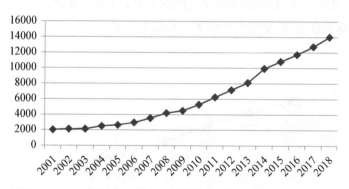

图 8.2 2001 年以来安徽省农村居民人均收入水平(单位:元)

同时,由于技术水平提升和生产方式改进,农业生产过程对资金的需求量呈现递增趋势。种植业、养殖业等传统农业生产贷款以及农业机械贷款等在内的专项贷款有所增加,生产性金融需求逐渐上升。其

---

① 数据来源:相关年份安徽省国民经济和社会发展统计公报[NB/OL]. 安徽省统计局网站,http://tjj. ah. gov. cn

② 数据来源:安徽省 2018 年国民经济和社会发展统计公报[NB/OL]. 安徽省统计局网站,http://tjj. ah. gov. cn

中,农田水利建设贷款、涉农经营性贷款等服务于现代农业生产的信贷需求不断提升。贫困人口金融需求结构的变化对优化扶贫金融理念、完善担保抵押机制、扩大涉农金融机构业务范围等提出更高要求,需要金融机构在现有基础上提供更为优质与高效的金融服务。

(二) 现有金融基础设施难以满足金融扶贫的需求

从金融发展现状来看,农村市场流转体系不健全,抵押物的足值性、变现能力等较差,在一定程度上制约贫困人口的信贷行为。大中型金融机构在农村基层开设网点少,涉农业务较多的农业银行主要面对农村大中型基础设施和各类企业,也难以深入贫困地区为分散居住的贫困人口提供合适的信贷服务。同时,现行金融统计指标体系运用涉农贷款、农户贷款、农业贷款等衡量指标仍比较粗放,没有细化至金融扶贫的具体类别,无法精准反映金融扶贫的实际状况,也难以准确测度金融机构对贫困地区的帮扶状况以及扶贫对象信贷需求的满足程度。这其中,连片贫困区的金融基础设施水平亟待提升。作为扶贫主战场之一,大别山区位于河南、安徽、湖北三省交界地带,因地域特殊性和限制,交通不发达,与外界联系十分不方便,导致山区内的经济与社会发展水平整体处于较落后状态,金融基础设施建设严重滞后,难以满足金融扶贫的需求。

(三) 金融精准扶贫政策的引导力有待提升

农村金融机构准入门槛较高的状况没有得到根本改观,例如村镇银行的设立依然受到一县一行政策的限制。对于主动为扶贫对象提供信贷和其他金融服务的各类机构,无论是省一级还是市县一级层面都需要制定更为具体的激励措施否则难以激发参与精准扶贫的主动性与积极性。另一方面,贫困地区农业生产的科技含量低,新技术推广应用滞后。落后的经济和社会事业发展水平加剧了资本和人才流失。由于本地经济发展滞后,就业机会少,大多数青壮年劳动力更多依靠外出打工来增加收入,进一步强化了贫困的恶性循环。因此,现有的金融扶贫政策导向性有待进一步加强,对服务于农村农业的支农再贷款配套政策需要进一步细化,创新、共享等发展新理念在扶贫进程中的没有得到充分体现,金融扶贫政策的引导力亟待提升。此外,随着经济体制改革的深入与传统产业升级进程的加快,新形势下经济发展特别是农业领域的系统性风险和非系统性风险在一定程度上都有所提升。一些不确定性风险显性化,各种风险并存,风险控制与防范的难度也不断增加。经济新常态下,这种风险格局短期内难以完全消除,金融机构特别是商业银行在提供信贷和其他金融服务时面临的外部环境更加复杂,对风险管控的能力亟待进一步增强。

(四)金融产品单一,资金外流较为严重

贫困地区金融发展存在产品单一、覆盖面较窄的问题,以致本地区的资金严重外流。特别是各金融机构在农村开办的金融业务主要还是传统的存贷业务,吸储金融产品则由于种类单一,数量少以及民间借贷利率偏高等原因造成吸储困难,造成农村资金外流,更甚者反而有金融机构加剧了资金外流情况。资金外流造成金融机构面向农村地区的信贷资金不足,在一定程度上制约贫困地区信贷资金的规模,也使得贷款门槛相应变得更高。以皖北地区为例,传统的联保贷款、抵押担保贷款已经不再适用,而免抵押、免担保类贷款业务以及政策性农业保险实际覆盖面小,降低了贫困人口运用金融扶贫政策的积极性。此外,安徽省农村贫困人口大多数从事农业劳动。由于农产品的不稳定性,季节性等原因造成农产品利润微薄,创收项目匮乏,导致符合扶贫贷款条件的贫困户数量较少,金融扶贫难度较大。

二、安徽省在金融扶贫领域采取的主要措施

党的十八大以来,安徽省采取多种措施,根据国家扶贫规划以及中国人民银行、银监会等下发的相关文件精神,引导包括商业银行、政策性银行等各类金融机构在内的社会各主体参与扶贫开发工作,在全省范围内建立全社会共同参与的开放式金融扶贫格局,增强金融机构参

与扶贫工作的积极性与主动性。2012年以来,安徽全省累计投入专项扶贫资金230.6亿元,整合涉农资金203.8亿元,安排债务资金投入71.1亿元①,同时要求市县财政严格按照当年地方财政收入增量的10％和20％,增加安排专项扶贫资金。"两不愁"总体实现,"三保障"能力明显加强,扶贫资金项目管理进一步规范,群众获得感和幸福感进一步增强。在此基础上,提升全省农村金融基础设施建设水平,增强贫困地区产业发展水平和可持续发展能力。

(一) 建立和完善金融扶贫工作的运行机制

近年来,安徽省金融机构特别是银行业金融机构发展迅速,无论是规模还是营业网点数量都有较大幅度提升。截至2018年,全省范围内共有营业网点8483个,资产总额65466.6亿元(具体见表8.1),有足够实力推动金融扶贫进程。金融机构积极支持贫困地区经济发展和贫困人口增收,对扶贫对象的信贷规模持续增长。在农村特别是贫困地区,根据经济与产业发展状况新建村镇银行的营业网点,为贫困地区经济增长提供专业的金融支持,进一步提升金融服务农村特别是贫困人口与贫困地区小微企业的能力与水平。2018年,全省普惠口径小微企业贷款增加532.7亿元,同比多增99亿元,余额同比增长18.3％。在此基础上,积极推进贫困县区所有银行网点全部加入大、小额支付系统,基本实现异地、跨行交易畅通无阻。

表8.1　2018年安徽省银行业金融机构情况②

机构类别	营业网点		
	机构数(个)	从业人数(人)	资产总额(亿元)
大型商业银行	2360	47382	21671

① 数据来源:安徽扶贫办网站,http://ahfp. ah. gov. cn/DocHtml/1/Article_20181252781. html
② 数据来源:安徽省金融运行报告2019[NB/OL].中国人民银行合肥中心支行网站,http://hefei. pbc. gov. cn/hefei/122346/3862488/index. html

（续表）

机构类别	营业网点		
	机构数（个）	从业人数（人）	资产总额（亿元）
政策性银行	92	2264	7341
股份制商业银行	347	7741	5956
城市商业银行	472	10223	10270
小型农村金融机构	3120	33691	12827
财务公司	6	189	544
信托公司	1	163	73
邮政储蓄银行	1773	15390	4705
外资银行	5	190	157
新型农村机构	298	4213	656
其他	9	1379	1266
合计	8483	122825	65466.6

在金融扶贫工作机制建设方面，一是在省级跨部门层面，建立省级金融扶贫联系会议制度①。省政府分管扶贫工作的领导为召集人，省发改委、财政厅、农委、扶贫办等部门和金融监管机构以及主要涉农金融机构负责人为成员，办公室设在人行合肥中心支行，负责日常工作。二是各省级银行根据要求成立金融扶贫工作领导小组，由主要负责人担任组长，相关职能部门参与。所有地方法人金融机构均已成立金融扶贫工作小组，建立相应的工作机制，初步形成由中国人民银行牵头组织、扶贫部门提供信息、主办银行积极参与、各乡镇政府主动配合的金融精准扶贫协同作战的新格局。

省内70个有扶贫开发任务的县（市、区）均建立金融扶贫主办行制

---

① 安徽省人民政府办公厅关于推进金融扶贫工程的实施意见［NB/OL］. 安徽省政府网站，www.ah.gov.cn

度,实现金融机构与贫困村"一对一"帮扶、全省所有贫困村实现责任全覆盖[①]。如中国农业银行安徽省分行将颍上、霍邱、埇桥区、怀远和岳西等5县(区)作为金融支持扶贫开发工作重点联系行,先后与当地政府签订银政战略合作框架协议,加强与地方政府在推动扶贫开发方面的深度合作。农业银行安徽分行确定岳西县为定点帮扶县,结合岳西县经济发展特点,制定印发《安徽省农行金融帮扶岳西县经济发展工作方案》。此外,岳西县扶贫办、县农业融资担保有限责任公司与安徽省农业信贷担保有限公司、县涉农银行开展战略合作,通过金融支持集体经济发展来推动扶贫进程,贷款项目实施前两年县政府每年给予利息和保费的50%的补贴[②],有力提升金融对扶贫工作的支持力度。

(二) 提升涉农金融服务的层次与水平

鼓励金融机构提升服务贫困地区与贫困人口的能力与水平,特别是考虑在有条件的村庄设立金融便民服务点,向贫困地区延伸现有金融机构服务网络。同时,鼓励金融机构简化手续、精简流程、畅通渠道。针对放贷规模小、使用资金不精准等薄弱环节,大力支持各类农村商业银行、村镇银行等与建档立卡的贫困户进行交流。对于其中有发展意愿与潜质、有资金需求和还款能力的贫困户,结合其资金需求的具体情况提供一定数额的免抵押、免担保的信用贷款。如徽商银行专为贫困地区中小企业设计开发"金徽通"金融新产品,农业发展银行安徽省分行积极推广"龙头企业＋担保公司＋金融机构＋省财政厅农发局"的"五位一体"信贷支农模式,金寨农村商业银行开发"小水电整体资产抵押贷款""收费权质抵押贷款"等贷款品种,均取得了良好的成效。同时,构建便于提供金融服务的数据平台,通过线上线下相结合的方式,有效利用网络的传播优势提供各种金融产品和金融服务,实现各种金

---

① 安徽省金融精准扶贫工作开展情况[NB/OL]. 人民网, http://ah. people. com. cn/n2/2017/0503/c358445-30128480. html
② 资料来源:岳西县金融扶贫支持村集体经济发展实施办法[NB/OL]. 岳西县人民政府网站,http://www. yuexi. gov. cn/html/xxgk/xingzhengguizhang/201609/70882_509. html

融资源的高效对接。

在实践中,金融机构结合贫困地区经济发展现状,通过积极开发金融产品提升金融扶贫的绩效水平。这其中,"扶贫贴息贷款联动"是农业银行等实施的金融扶贫模式,并取得了较好的效果。该模式由安徽省财政厅、扶贫办联合农行、进出口银行等在安徽省探索的一种新型银政合作金融扶贫模式[①]。中国农业银行安徽省分行牵头起草并联合相关机构下发《关于切实做好农业银行和进出口银行信贷扶贫工作的通知》,明确从 2013 年起每年由农行承办 10 亿元扶贫贴息贷款项目,要求扶贫贴息贷款计划由县级农行、扶贫办、财政局联合逐级申报至省一级,最终由农行安徽省分行、安徽省扶贫办、安徽省财政厅联合行文下发。贷款严格按照农行商业化经营管理要求运作,发放后由财政机构按照年利率 3‰为贷款企业贴息。

(三) 通过市场运行和政策扶持相结合来完善激励机制

通过金融机构将部分扶贫资金转化为信贷资金,实现扶贫资源的高效利用,有效引导符合条件的贫困人口合理解决资金问题,顺利开展生产经营活动。坚持市场化原则,采取创新放贷模式、完善风险补偿、优化贴息流程等举措,优化扶贫小额信贷流程,信贷金额逐年增加。

截至 2019 年 5 月底,全省扶贫小额信贷累计向 86.24 万户贫困户发放扶贫小额信贷 326 亿元。在提升收入水平的同时,更加注重增强贫困人口的可持续发展能力,支持新型农业经营主体发展扶贫产业,对农业产业化企业吸纳贫困人口给予相应数量的扶贫贷款支持。2019年上半年,全省实施农业特色产业扶贫项目的贫困户 57.2 万户,实施项目 68.1 万个[②]。通过这种方式,为有自主发展能力和条件的贫困户提供实质性支持,使其可以通过扶贫小额信贷独立开展生产经营活动

---

① 冯静生、侯杰. 完善顶层设计创新扶贫模式—以安徽农行为例[J]. 农银学刊,2016(1):13—16
② 小额信贷精准助力产业扶贫 发放信贷 326 亿元,覆盖 86.24 万户贫困户[NB/OL]. 安徽省扶贫办网站,http://fpb. ah. gov. cn/index. php? s = news&c = show&id = 3300

实现增收脱贫。

在此基础上,安徽省颁布实施《关于深入推进扶贫小额信贷工作的实施意见》①。该文件明确提出,农村建档立卡贫困户中有发展需求、有贷款意愿、有还款能力或还贷措施的贫困户都能够得到免抵押、免担保、5 万元以下、3 年期以内、基准利率、财政贴息的精准扶贫小额贷款,有利于从根本上缓解贫困户贷款难、贷款贵问题。其中,对因无劳动能力、户主年龄超过 60 周岁的贫困户,经推荐审核后,可适当放宽条件,可以采取户贷企用、分贷统还等模式,帮助贫困户通过土地承包权等和资金在新型农业经营主体中参股。根据人民银行安徽省分行的统计数据,2018 年末,全省范围内"农地""农房"抵押贷款余额分别同比增长127.6%、34.1%。对新型农业经营主体,按其带动的贫困户户数、抗风险能力等因素,由承贷金融机构合理确定贷款额度。

(四) 进一步优化监管体系

资金始终对贫困地区与扶贫对象而言始终都是稀缺资源,因此脱贫攻坚过程中充分提升资金使用效率、实现金融资源优化配置至关重要。主管机构坚持"扶贫资金每一分钱都要用在刀刃上"的基本原则,始终保持对扶贫信贷资金的严格监管,确保扶贫资金安全、规范运行。同时,积极推进扶贫资金动态监控平台建设,将其作为强化日常监管的重要措施并将监控平台的使用纳入扶贫资金绩效评价体系,实施扶贫资金动态监管,保障扶贫资金的精准使用。

对风险补偿金代偿的扶贫小额信贷不良贷款,各级地方政府会结合具体情况会同当地承贷金融机构继续追索贷款本息。同时,鼓励和支持贷款贫困户购买贷款人意外伤害保险、保证保险等险种,进一步分散贷款风险。此外,通过建档立卡等方式健全动态管理机制,逐村逐户逐人摸清核准基本情况、致贫原因、脱贫需求,因村因户因人施策,建立

---

① 安徽省人民政府办公厅关于深入推进扶贫小额信贷工作的实施意见[NB/OL]. 安徽省政府网站,www.ah.gov.cn

完善"四项清单"制度。在此基础上,安徽省还建立健全贫困退出机制,组织省属高校对全省拟出列村、拟脱贫户实行全覆盖的第三方监测评估,最大限度确保评估过程的公正性和测评结果的公平与合理[①]。

(五) 加强对连片贫困区的信贷支持

为提升金融服务质量,重点针对大别山区、皖北地区等深度贫困区,完善金融服务体系,为贫困人口提供精准的金融服务。根据《大别山片区区域发展与扶贫攻坚规划(2011—2020年)》,安徽省潜山、太湖、宿松、岳西、望江、临泉、阜南、颍上、寿县、霍邱、金寨、利辛等12个县纳入该片区[②],成为安徽扶贫攻坚的主战场之一,也是金融支持的重点地区。各级政府和金融机构通过多种途径为上述地区基础设施建设、改善农村基本生产生活条件、特色产业发展等领域,提供了有力的金融支持。

以金寨县为例,2009年金寨县被列为安徽省首批实施"县域新增存款一定比例用于当地"全国金融改革试点县。2010年初中国人民银行六安市中心支行将这一政策推广到辖区内各县。2012年,人民银行六安市中心支行启动实施了"提供再贷款、再贴现和存款准备金政策优惠,增加法人金融机构可贷资金"政策。按照总行要求对"新增存款一定比例用于当地"考核合格的县,将存款准备金率降低1个百分点。将金寨县金融机构支农再贷款限额提高到3亿元,再贴现限额提高到2亿元[③]。2012年10月,金寨县白塔畈镇仙花村建立了全省第一个村级金融服务室。金融服务室集自助银行、反假货币工作站、金融消费维权受理站、金融知识宣传站等功能为一体,并逐步按照标准化模式进行升级,拓展金融服务功能。以此为标准,该县已实现全县范围内村级金融服务室全覆盖,从而大幅度提升了金融机构的服务能力与面向乡村的

---

① 这五年 | 安徽省贫困人口五年减少 558.9 万人[NB/OL]. 安徽网, http://www.ahwang. cn/anhui/20181130/1833762. shtml

② 大别山片区区域发展与扶贫攻坚规划(2011—2020 年)[NB/OL]. 国务院网站,http://www. ndrc. gov. cn/zcfb/zcfbqt/201304/W020130425514716956758. pdf

③ 朱雅寒,许晓春,栾敬东. 安徽大别山区金融扶贫效果研究[J]. 华东经济管理,2017(5): 28—33

服务水平。

三、当前安徽金融扶贫工作存在的不足之处

作为扶贫任务较为艰巨的省份,安徽省针对新时期如何有效提升金融扶贫绩效水平,进行积极探索,积累了很好的实践成果和经验,但也存在一些不足之处亟待解决。

(一)金融供给成本高

金融扶贫需要遵循保本微利的原则,才能吸引更多金融机构进入扶贫领域。由于以贫困人口为服务对象,金融产品供给价格需要控制在一定范围内,因此如何降低成本就成为重要内容。但就现状而言,安徽省现有贫困人口在地理分布上较为零散,资金需求状况相差较大,增加了为贫困地区和贫困人口提供金融服务的各类成本。特别是偏远地区自然环境恶劣,金融机构的网络覆盖能力不足,增加了金融机构开展业务所需担负的成本。由于贫困人口对自然灾害的抵御能力低下,生产经营活动相对而言存在更大的不确定性,导致信贷资金回收难度进一步增加,无形中也进一步增加了金融机构的供给成本。

(二)客观条件增大金融扶贫压力

经过改革开放40多年的持续努力,安徽贫困人口规模不断下降。但从现状来看,目前尚未脱贫的人口绝大部分分布在自然条件差、经济基础弱、贫困程度深的地区,如大别山区、皖北地区等。这部分贫困群体脱贫难度大,所处区域的自然资源条件有限,且以农业生产为主要经营方式,一旦遇到自然灾害就会导致收入减少。特别是生活在地质灾害频发地区的贫困户,农业基础设施薄弱,农业生产水平和条件较差,种植业等传统产业增值难度大,村级集体经济组织积累少、负债多,自我发展能力严重不足,这也加大了信贷行为的违约风险,从而在一定程度上增加了金融扶贫的压力。因此,需要金融机构提供更为精准的信

贷业务,也需要地方政府提供更多的政策支持。

(三) 金融精准扶贫能力有待增强

从全省范围内的商业银行网点格局来看,工、农、中、建等全国性商业银行分支机构一般仅到县区一级,乡(镇)基本没有营业场所,村一级营业网点几乎为空白。因此,难以及时掌握农村居民特别是贫困人口的信贷需求状况以及农村金融市场的运行情况。同时,就现状而言,涉农信贷的业务量在金融机构信贷总量中占比较低,大型金融机构扶贫参与程度不高。邮储银行、农商行、村镇银行等金融机构在乡(镇)、村庄虽然设有一定数量的网点,但由于存在贷存比控制和自身效益的约束,信贷资金难以完全满足贫困人口的资金需求,导致金融精准扶贫的能力仍然较弱。

(四) 金融产品供需匹配的有效性亟待提升

从安徽省涉农金融产品结构来看,传统抵押担保贷款及联保贷款方式由于对借贷对象的条件要求较高,对贫困人口来说达到这一条件难度较大。而无抵押贷款、免担保信用贷款等信贷方式从现状来看覆盖面仍然较小,对贫困人口而言并不适用。同时,县级及以下级别的担保机构发展较为滞后,农村产权抵押贷款业务目前仍然没有全面推行。此外,就发展状况而言,政策性农业保险在全省范围内的覆盖面较小,商业性农业保险品种单一并且推广力度不够,导致金融扶贫的产品供给与贫困人口资金需求之间难以实现有效匹配。

四、新时期安徽提升金融扶贫绩效水平的对策建议

为有效化解新时期金融扶贫面临的新难题,金融机构需要进一步完善涉及扶贫领域的投融资体系。在市场经济背景下,以贫困地区优势资源为依托,在市场需求和供给之间寻找最有利的契合点,增强区域自我发展的能力。同时,通过降低金融供给成本、防范金融产品风险以

及对贫困地区的金融需求进行引导,在全省范围内优化金融资源配置。以大别山区、皖北地区等深度贫困地区为重点区域,进一步完善和优化金融脱贫、防止返贫的有效机制,努力提升金融资源配制效率,从提高贫困人口收入水平向注重增强扶贫对象内生动力转变。

(一) 建立和完善担保机制

精准扶贫作为一种公益性行为与社会责任感的体现,与金融机构的商业性及盈利为目标会产生一定的冲突。在没有贴息和风险补偿机制的情况下,如果再没有完善与可靠的担保机制,金融机构提供信贷业务的积极性就会收到很大影响。因此,扶贫公益项目由财政来担保偿还。但从长期来看,必须要着手建立有效的担保机制,并在实践中逐步完善,从而降低政府因为担保而承受的风险。在优化各级政府担保机制的基础上,增强贫困人口的信用理念,有利于减少金融扶贫过程中出现的各种违约情况,是建立金融扶贫担保机制的重要内容。为此,在金融扶贫过程中需要充分整合贫困地区现有的各类资源,将其转化为金融信用资源,确保扶贫资金的精准使用。

可以结合当前安徽省农村经济与社会发展现状,组织具有良好信用记录的贫困人口成立诚信自律协会,由具有一定文化水平和劳动技能的扶贫对象自愿申请加入,金融机构在小组成员之间互相提供担保的前提下提供信贷资金。在此基础上,由若干名会员自愿组成诚信小组,小组成员之间通过签订担保责任书来确保能够互相承担连带担保责任。在担保金的支付方面,小组成员首先向金融机构交纳一定数额的风险抵押金,地方财政拨付一定数额的专项贷款风险抵押金,将贫困人口的社会资本、基层组织的制度优势与金融贷款有效结合,优化扶贫对象的担保机制,逐渐降低扶贫对象获取信贷资金的门槛。

(二) 进一步完善符合区域特色的普惠金融体系

由于交易成本高、通信设施落后、产品服务单一等原因,商业金融机构对贫困人口的关注度较低,需要发展普惠金融满足贫困人口的多样化需求,促进贫困地区经济发展与居民收入水平提升。一是在全省范围内建立面向贫困地区的发展基金和省一级的农产品信用担保公司,并使农业信贷担保服务网点覆盖全省所有县域,农业信贷担保业务覆盖粮食、畜牧、林业、农产品加工等重点领域。进一步发挥农业信贷担保体系在精准扶贫过程中的作用,并以此为载体构建全省范围内服务贫困人口的融资平台。二是支持各类涉农金融机构根据现有政策拓展业务范围,把服务网络进一步向贫困地区延伸,力争实现金融机构在乡镇有营业网点、存贷款业务覆盖所有行政村。同时,进一步提升营业网点的服务能力。在存取款、结算等业务基础上,提供补贴、补助资金、养老金、最低保障金、粮食直补款的领取发放和新农保、公共事业缴费等代收代付事项,并逐步强化查询、银行卡、小额贷款申请受理和基础信用信息收集等服务功能。三是实现农村金融扶贫机构的多样化,注重金融机构设置的区域性,最终实现以合作金融为基础、商业金融和政策性金融共同发展的普惠金融体系。

把支持现代农业新型经营主体作为金融定点扶贫的突破口。实现金融信贷支持的重点转向高、精、专,构建"企业带农户、大户带贫户"的发展格局。选择一批有适度规模、有种养殖经验、抗灾害能力强且能带领当地农民致富的家庭农场、农民专业合作社等,推广保证保险贷款、林权抵押贷款、农机具购置贷款产品,大力推广"金担通""易农贷"等信贷产品。对带动贫困地区脱贫致富的核心企业和农业新型经营主体,要将其带动扶贫情况作为信贷准入的影响因素,在授信额度、贷款利率等方面给予一定的政策倾斜。

(三) 加大对连片贫困区的金融支持力度

是否能够如期完全精准扶贫预期目标,连片贫困区的脱贫致富是关键所在。因此,应在现有基础上加大政府转移支付力度,同时进一步整合各类资源,实施差异化的金融扶贫政策,充分利用信贷、债券、基金、融资租赁、供应链金融等多种融资工具,支持连片贫困地区交通、水利、电力、能源、生态环境建设等基础设施和文化、医疗、卫生等基本公共服务项目建设。在信贷资源配置、金融产品和服务方式创新、信贷管理权限设置等方面,对连片特困地区进行倾斜。在此基础上,深化农村信用社改革,优化金融网点布局,支持村镇银行等农村新型金融机构发展,尽快消除连片贫困区金融机构空白乡镇,实现所有乡镇至少有一家金融机构的营业网点或者服务站。

同时,实现重点区域精准对接。将政策、项目、资金向重点区域聚焦,新增扶贫信贷资金优先用于连片贫困区,特别是贫困革命老区县和深度贫困县,在分配资金时确保全省重点贫困县的信贷资金增幅高于其他地区。通过金融支持,提升扶贫对象的就业技能,使其逐步走上再就业的道路。对于信誉良好、符合担保条件的贫困户,发放农户小额贷款支持贫困户创业发展。同时,通过发放青年创业贷款、巾帼就业贷款等类型的信贷资金,鼓励和支持包括青年在内的重点人群的创新创业,实现贫困人口在当地直接就业,并努力满足贫困人口发展生产的资金需求。

(四) 实现金融扶贫与产业扶贫的良性互动

发展特色优势产业是从根本上解决贫困问题、实现扶贫对象可持续发展的重要途径。有效对接特色农业基地、现代农业示范区、农业产业园区的金融需求,积极开展金融产品和服务方式创新。探索将农业担保、农业科技与特色产业发展相结合,积极开展"科技＋金融＋特色产业"试点,构建具有特色的脱贫长效机制。为此,需要发挥金融支持农村特色产业的作用,最大限度满足贫困人口进行生产经营活动对资金的需求。在此基础上,注重金融机构中传统业务与脱贫业务之间联动发展。

可以结合安徽省精准实施项目扶贫、产业脱贫等政策的实施状况,为能够带动贫困人口就业的企业、农村合作社提供高效的金融服务,增强贫困人口自身的内生发展能力。在推进涉农资金统筹整合和安排使用上,着力聚焦扶贫规划、扶贫任务和扶贫需求,下放项目资金权限。针对贫困地区资金需求与产业发展状况,及时提供相应的资金支持,加大扶持力度。同时,探索市场化、可持续的金融扶贫模式,构建金融扶贫与产业扶贫、教育扶贫等扶贫模式良性互动的运行机制。充分发挥徽商银行、农商行等区域性商业银行的作用,按照市场化机制、专业化方式,激励有条件的贫困人口进行创新创业,推动扶贫过程中资金链与创新链、产业链的有机融合,实现金融资源的优化配置。

(五) 强化跨部门的扶贫政策联动

在金融扶贫实践中,统筹规划金融工作由金融办负责,支持扶贫工作的资金掌握在财政局,具体扶贫措施则由扶贫办协调实施,而实践中这几个部门的责任和目标并不完全一致。以扶贫贷款贴息为例,银行部门的贷款条件和扶贫部门的贴息条件一般有所不同,政府部门与金融机构之间的条块分割,导致贫困人口难以及时获得足额的信贷资金。因此,需要由政府进行统一规划,完善与金融扶贫相关的各主管部门与金融机构之间的沟通与协调机制。

中国人民银行安徽省内各分支机构应加强与所在区域发展改革、扶贫、财政等部门的协调合作和信息共享,及时掌握贫困地区特色产业发展、基础设施和基本公共服务等规划信息。精准对接贫困地区发展规划,找准金融支持的切入点。根据金融机构资产的流动性,结合贫困地区经济发展状况,创新针对扶贫对象的信贷机制和操作方式。通过运用财政补贴、低息或无息贷款、税费减免等激励政策机制,进一步提升扶贫资金的使用效率,实现金融扶贫与财政政策、货币政策的协调配合与深度互动。在此基础上,强化资金供给,加大信贷资金向贫困地区的投放力度,引导金融机构积极参与扶贫对接项目,满足贫困地区与扶贫对象不同层次的金融需求,确保用于扶贫领域的信贷资金精准高效运用。

参 考 文 献

著作与学位论文：

［1］ 邓小平文选(第 3 卷)［M］. 北京：人民出版社,1993

［2］ 邓小平文选(第 2 卷)［M］. 北京：人民出版社,1994

［3］ (印)阿马蒂亚·森著,王宇、王文玉译. 贫困与饥荒—论权利与剥夺［M］. 北京：商务印书馆,2001

［4］ (印)阿玛蒂亚·森著,任赜译. 以自由看待发展［M］. 北京：中国人民大学出版社,2002

［5］ (美)马丁·瑞沃林著,赵俊超译. 贫困的比较［M］. 北京：北京大学出版社,2005

［6］ (孟)穆罕默德·尤努斯著,吴士宏译. 穷人的银行家［M］. 上海：三联书店,2006

［7］ 马克思恩格斯文集(第 1 卷)［M］. 北京：人民出版社,2009

［8］ 张培刚、张建华. 发展经济学［M］. 北京：北京大学出版社,2009

［9］ (英)萨比娜·阿尔基尔等著,刘民权、韩华为译. 贫困缺失的维度［M］. 北京：科学出版社,2010

［10］ 李石新. 中国经济发展对农村贫困的影响研究［M］. 北京：中国经济出版社,2010.

［11］ 王曙光、王东宾. 金融减贫：中国农村微型金融发展的掌政模式［M］. 北京：中国发展出版社,2011

［12］ 马克思恩格斯选集(第 1 卷)［M］. 北京：人民出版社,2012

［13］ 崔艳娟. 我国金融发展对贫困减缓的影响：理论与实证［D］. 大连：东北财经大学,2012

［14］ 王曙光. 告别贫困—中国农村金融创新与反贫困［M］. 北京：中国发展出版社,2012

［15］ 许丹丹. 中国农村金融可持续发展问题研究［D］. 长春：吉林大学,2013

［16］ 习近平. 摆脱贫困［M］. 福州：福建人民出版社,2014

［17］ 习近平谈治国理政［M］. 北京：外文出版社,2014

［18］ 汪小亚. 农村金融改革：重点领域和基本途径［M］. 北京：中国金融出版社,2014

[19] 温信祥. 日本农村金融及其启示[M]. 北京：经济科学出版社,2014

[20] (美)迪恩·卡尔兰、(美)雅各布·阿佩尔著,傅瑞蓉译. 不流于美好愿望：新经济学如何帮助解决全球贫困问题[M]. 北京：商务印书馆,2014

[21] 王曙光. 农村金融学(第二版)[M]. 北京：北京大学出版社,2015.

[22] 罗剑朝. 中国农村金融前沿问题研究(1990—2014)[M]. 北京：中国金融出版社,2015

[23] 李培林、魏后凯. 中国扶贫开发报告(2016)[R]. 北京：社会科学文献出版社,2016

[24] 姚庆海. 助推脱贫攻坚—保险业在行动(修订版)[M]. 北京：人民出版社,2017

[25] 习近平. 决胜全面建成小康社会夺取新时代中国特色社会主义伟大胜利—在中国共产党第十九次全国代表大会上的报告[M]. 北京：人民出版社,2017

[26] 习近平谈治国理政(第 2 卷)[M]. 北京：外文出版社,2017

[27] 国家统计局住户调查办公室. 中国农村贫困监测报告[R]. 北京：中国统计出版社,2017

[28] 王小林. 贫困测量：理论与方法[M]. 北京：社会科学文献出版社,2017

[29] 中国社会科学院扶贫开发报告课题组. 扶贫蓝皮书—中国扶贫开发报告[M]. 北京：社会科学文献出版社,2017

[30] 李宝庆. 精准扶贫背景下的金融扶贫及其绩效研究[M]. 北京：中国金融出版社,2017

[31] 中共中央党史和文献研究院. 习近平扶贫论述摘编[G]. 北京：中央文献出版社,2018

[32] 刘峻岩. 精准扶贫背景下的农村金融扶贫研究[D]. 郑州：郑州大学,2018

[33] 高云鸽. 金融扶贫模式及脱贫效果研究[D]. 西安：西北大学,2018

[34] 王宁. 金融扶贫理论与实践创新研究[M]. 北京：人民出版社,2018

[35] 高考、年旻. 多维贫困视角下的精准扶贫研究[M]. 武汉：华中科学技术大学出版社,2018

[36] 吴海江. 以人民为中心的发展思想研究[M]. 北京：人民出版社,2019

[37] 苟文峰等. 乡村振兴的理论、政策与实践研究：中国"三农"发展迈入新时代[M]. 北京：中国经济出版社,2019

学术论文：

中文部分：

[1] 陈志超. 农村金融机构要切实做好扶贫工作[J]. 上海金融,1986(8)：41

[2] 谢庆健、戴达年、徐子福. 金融扶贫：成效、问题与深化策略—对浙江省五个贫困县的调查[J]. 金融研究,1995(8)：69—71

[3] 曾康霖. 再论扶贫性金融[J]. 金融研究,2007(3)：1—9

[4] 杨俊、王燕、张宗益. 中国金融发展与贫困减少的经验分析[J]. 世界经济,2008(8)：62—76

[5] 李昌南、胡庆琪. 国外农村合作金融模式及其对我国的启示[J]. 延边大学学报(社会科学版),2009(6)：136—141

［6］ 王小林、Sabina Alkire. 中国多维贫困测量：估计和政策含义[J]. 中国农村经济,2009(12)：4—23

［7］ 罗楚亮. 农村贫困的动态变化[J]. 经济研究,2010(5)：123—138

［8］ 丁志国、谭伶俐、赵晶. 农村金融对减少贫困的作用研究[J]. 农业经济问题,2011(11)：72—77

［9］ 邹薇、方迎风. 关于中国贫困的动态多维度研究[J]. 中国人口科学,2011(6)：49—59

［10］ 罗楚亮. 经济增长、收入差距与农村贫困[J]. 经济研究,2012(2)：15—27

［11］ 崔艳娟、孙刚. 金融发展是贫困减缓的原因吗？—来自中国的证据[J]. 金融研究,2012(11)：116—127

［12］ 季曦、王小林. 碳金融创新与"低碳扶贫"[J]. 农业经济问题,2012(1)：79—88

［13］ 李飞、唐丽霞、于乐荣. 走出多维贫困研究的"内卷化"与"学徒陷阱"—文献述评的视角[J]. 中国农业大学学报(社会科学版),2013(3)：147—153

［14］ 樊丽明、解垩. 公共转移支付减少了贫困脆弱性吗？[J]. 经济研究,2014(8)：67—78

［15］ 姚耀军、李明珠. 中国金融发展的反贫困效应：非经济增长视角下的实证检验[J]. 上海财经大学学报,2014(1)：69—76

［16］ 田莹莹、王宁. 小额信贷的国际经验对中国农村金融扶贫的启示. 世界农业,2014(8)：54—58

［17］ 胡振光、向德平. 参与式治理视角下产业扶贫的发展瓶颈及完善路径[J]. 学习与探索,2014(4)：99—107

［18］ 李善民. 普惠制金融视角下金融扶贫模式构建——一个理论分析框架[J]. 改革与战略,2014(11)：35—38

［19］ 张志坚. 我国融资租赁发展的问题与对策[J]. 山东社会科学,2015(3)：123—126

［20］ 周孟亮、彭雅婷. 我国连片特困地区金融扶贫体系构建研究[J]. 当代经济管理,2015(4)：85—90

［21］ 郭田勇、丁潇. 普惠金融的国际比较研究——基于银行服务的视角[J]. 国际金融研究,2015(2)：55—64

［22］ 谢平、邹传伟、刘海二. 互联网金融的基础理论[J]. 金融研究,2015(8)：1—12

［23］ 马骏. 论构建中国绿色金融体系[J]. 金融论坛,2015(5)：18—27

［24］ 周兴、张鹏. 代际间的职业流动与收入流动—来自中国城乡家庭的经验研究[J]. 经济学(季刊),2015(1)：351—372

［25］ 谌英. 国外农村合作金融发展模式及立法研究[J]. 世界农业,2016(7)：126—130

［26］ 吴义能、叶永刚、吴凤. 我国金融扶贫的困境与对策[J]. 统计与决策,2016(9)：176—178

［27］ 温涛、朱炯、王小华. 中国农贷的"精英俘获"机制：贫困县与非贫困县的分层比较[J]. 经济研究,2016(2)：111—125

［28］ 杨云龙、王浩、何文虎. 我国金融精准扶贫模式的比较研究—基于"四元结

构"理论假说[J]. 南方金融,2016(11):73—79

[29] 刘张发. 可持续金融扶贫模式分类、差异和适用范围[J]. 金融发展研究,2016(7):80—83

[30] 何广文. 构建农村绿色金融服务机制和体系的路径探讨[J]. 农村金融研究,2016(4):14—19

[31] 星焱. 普惠金融:一个基本理论框架[J]. 国际金融研究,2016(9):21—37

[32] 房连泉. 国际扶贫中的退出机制—有条件现金转移支付计划在发展中国家的实践[J]. 国际经济评论,2016(6):86—104

[33] 申云、彭小兵. 链式融资模式与精准扶贫效果—基于准实验研究[J]. 财经研究,2016(9):4—15

[34] 蔡昉. 坚持以人民为中心的发展思想[N]. 人民日报,2016-8-3

[35] 王明生. 正确理解与认识坚持以人民为中心的发展思想[J]. 南京社会科学,2016(6):1—5

[36] 韩喜平. 坚持以人民为中心的发展思想[J]. 思想理论教育导刊,2016(9):25—27

[37] 刘耀庭、薛晶."金融+电商"市场化扶贫模式探索和研究—以江苏省徐州市为例[J]. 金融纵横,2016(6):60—66

[38] 徐云松. 金融精准扶贫问题的调查与思考[J]. 金融理论与教学,2016(3):1—9

[39] 黄承伟. 中国扶贫开发道路研究:评述与展望[J]. 中国农业大学学报(社会科学版),2016(5):5—17

[40] 林俐. 供给侧结构性改革背景下精准扶贫机制创新研究[J]. 经济体制改革,2016(5):190—194

[41] 梁土坤. 新常态下的精准扶贫:内涵阐释、现实困境及实现路径[J]. 长白学刊,2016(5):127—132

[42] 李志辉、孟颖. 涉农融资租赁产品创新研究[J]. 金融理论与实践,2016(1):94—97

[43] 郑瑞强、曹国庆. 脱贫人口返贫:影响因素、作用机制与风险控制[J]. 农林经济管理学报,2016(6):619—624.

[44] 熊契. 精准扶贫过程中脱贫退出与管理的实践与思考[J]. 清江论坛,2017(3):38—41

[45] 李伶俐、刘小华、王定祥. 论我国农村扶贫金融制度的完善与创新[J]. 上海经济研究,2017(5):82—90

[46] 郭利华、毛宁、吴本健. 多维贫困视角下金融扶贫的国际经验比较:机理、政策、实践[J]. 华南师范大学学报(社会科学版),2017(4):26—32

[47] 陈建伟、陈银娥. 普惠金融助推精准脱贫的理论与政策思考[J]. 当代经济研究,2017(5):85—90

[48] 方胜、吴义勇. 互联网金融在金融扶贫中的角色定位[J]. 农村金融研究,2017(3):56—60

[49] 华学成、许加明. 阿马蒂亚·森的自由发展观对中国农村反贫困的启示[J]. 学海,2017(5):220—224

[50] 李冉. 深刻认识和把握以人民为中心的发展思想[J]. 马克思主义研究,2017

(8)：26—32

[51] 王岩、竞辉. 国内关于"以人民为中心的发展思想"研究述评[J]. 当代世界与社会主义,2017(6)：194—202

[52] 何艳玲、李志军. 论习近平"以人民为中心"发展思想构建的三重维度[J]. 湖湘论坛,2017(2)：5—10

[53] 王青、李先伦. 习近平以人民为中心的发展思想论析[J]. 理论学刊,2017(1)：29—33

[54] 郑瑞强. 贫困退出：政策蕴含、机制解构与发展扶持政策接续[J]. 河海大学学报(哲学社会科学版),2017(5)：20—26

[55] 王佳宁、史志乐. 贫困退出机制的总体框架及其指标体系[J]. 改革,2017(1)：119—131

[56] 陆汉文、李文君. "有用无效"：贫困人口能力建设的结构性困境[J]. 贵州社会科学,2017(4)：161—168

[57] 刘司可. 扶贫动态管理和贫困退出中的矛盾及其解决—基于湖北省徐家村贫困户和普通农户的调研分析[J]. 西部论坛,2017(4)：74—82

[58] 杜晓山、宁爱照. 中国金融扶贫实践、成效及经验分析[J]. 海外投资与出口信贷,2017(5)：11—17

[59] 朱梦冰、李实. 精准扶贫重在精准识别贫困人口—农村低保政策的瞄准效果分析[J]. 中国社会科学,2017(9)：90—112

[60] 朱雅寒、许晓春、栾敬东. 安徽大别山区金融扶贫效果研究[J]. 华东经济管理,2017(5)：28—33

[61] 赵磊、吴媛. 中国旅游业与农村贫困减缓：事实与解释[J]. 南开管理评论,2018(6)：142—155

[62] 何秀荣. 改革40年的农村反贫困认识与后脱贫战略前瞻[J]. 农村经济,2018(11)：1—8

[63] 林万龙、华中昱、徐娜. 产业扶贫的主要模式、实践困境与解决对策—于河南、湖南、湖北、广西四省区若干贫困县的调研总结[J]. 经济纵横,2018(7)：102—108

[64] 王修华、王毅鹏、赵亚雄. 改革开放40年中国金融扶贫动态演进与未来取向[J]. 福建金融,2018(12)：13—20

[65] 温涛、王汉杰、王小华,等. "一带一路"沿线国家的金融扶贫：模式比较、经验共享与中国选择[J]. 农业经济问题,2018(5)：114—129.

[66] 尚雪英. 精准扶贫的精神实质：以人民为中心[J]. 兰州学刊,2018(4)：202—208

[67] 星焱. 改革开放40年中国金融扶贫工具的演化[J]. 四川师范大学学报(社会科学版),2018(6)：36—44

[68] 杨穗、冯毅. 中国金融扶贫的发展与启示[J]. 重庆社会科学,2018(6)：58—67

[69] 付海莲、邱耕田. 习近平以人民为中心的发展思想的生成逻辑与内涵[J]. 中共中央党校学报,2018(4)：21—30

[70] 李晓红. 精准扶贫背景下我国绿色扶贫问题研究[J]. 农业经济,2018(10)：84—86

[71] 相雪梅.精准扶贫与乡村振兴的耦合协同研究[J].山东行政学院学报,2018(6):94—98

[72] 李创、吴国清.乡村振兴背景下农村金融精准扶贫思路探究[J].西南金融,2018(6):28—34

[73] 徐虹、王彩彩.乡村振兴战略下对精准扶贫的再思考[J].农村经济,2018(3):11—17

[74] 薛曜祖、包盛、毕洁颖.国际组织金融扶贫创新的经验及启示[J].金融与经济,2018(8):39—44

[75] 陈啸、吴佳.我国金融精准扶贫协同治理模式研究[J].中国行政管理,2018(10):68—72

[76] 蒋永穆.中国农村金融改革40年:历史进程与基本经验[J].农村经济,2018(12):6—8

[77] 王兆阳.金融精准扶贫:实践基础与制度创新建议[J].农村金融研究,2018(5):7—12

[78] 李伶俐、周灿、王定祥.中国农村扶贫金融制度:沿革、经验与趋向[J].农村经济,2018(1):61—68

[79] 张晓山.巩固脱贫攻坚成果应关注的重点[J].经济纵横,2018(10):1—10

[80] 谭燕芝、彭千芮.普惠金融发展与贫困减缓:直接影响与空间溢出效应[J].当代财经,2018(3):56—67

[81] 申云、张尊帅、贾晋.农业供应链金融扶贫研究展望—金融减贫机制和效应文献综述及启示[J].西部论坛,2018(5):30—36

[82] 周孟亮.包容性增长、贫困与金融减贫模式创新[J].社会科学,2018(4):55—64

[83] 张龙耀、许玉韫、张兵.农村信贷市场失灵的实物融资替代机制—来自江苏4市8县427户农户的证据[J].东南大学学报(社会科学版),2018(2):60—69

[84] 柳晓明、贾敬全.经济新常态下安徽省金融扶贫的困境与路径选择[J].巢湖学院学报,2018(4):40—44

[85] 柳晓明、黄利文.经济新常态下金融扶贫的工具创新与路径选择—以融资租赁为例[J].吕梁学院学报,2018(3):76—79

[86] 徐明强、许汉泽.新耦合治理:精准扶贫与农村基层党建的协同推进[J].西北农林科技大学学报(社会科学版),2018(3):82—89

[87] 康书生、冯艳博.基于文献计量的我国金融扶贫研究动态[J].河北经贸大学学报,2019(1):32—40

[88] 蒋永穆、卢洋.新中国70年的减贫事业[N].光明日报,2019-7-5

[89] 陈恩.产业扶贫为什么容易失败?—基于贫困户增能的结构性困境分析[J].西北农林科技大学学报(社会科学版),2019(4):87—95

[90] 孙良顺、汪亚楠.产业扶贫工程中的政策表达、实践困境与优化路径—以A省Y区为例[J].北京联合大学学报(人文社会科学版),2019(2):98—107

[91] 周孟亮、罗荷花.双重目标下金融扶贫的实践偏差与模式创新[J].郑州大学学报(哲学社会科学版),2019(2):46—50

[92] 莫光辉、杨敏.2020年后中国减贫前瞻:精准扶贫实践与研究转向[J].河南

社会科学,2019(6):99—106

[93] 桑明旭.在唯物史观中准确把握以人民为中心的发展思想[J].求索,2019 (4):23—30

[94] 信瑶瑶.中国农村金融扶贫的制度变迁与生成逻辑[J].甘肃社会科学,2019 (3):151—156

[95] 陈旭等.中国金融扶贫研究前沿热点与演进脉络[J].武汉金融,2019(6): 47—52

[96] 苏岚岚、孔荣.农民金融素养与农村要素市场发育的互动关联机理研究 [J].中国农村观察,2019(2):61—77

[97] 温涛、刘达.农村金融扶贫:逻辑、实践与机制创新[J].社会科学战线,2019 (2):65—71

[98] 王高贺.以人民为中心:全面深化改革的基本遵循[J].人民论坛,2019(8): 92—94

[99] 蒋玲、赵汇.透视新发展理念的内在旨归—以人民为中心发展思想研究 [J].学习论坛,2019(7):64—71

[100] 曾正滋.以人民为中心:彰显新发展理念的价值自觉和自信[J].当代世界 与社会主义,2019(3):90—97

[101] 杨艳琳、袁安.精准扶贫中的产业精准选择机制[J].华南农业大学学报(社 会科学版),2019(2):1—14

[102] 柳晓明、贾敬全.区块链视角下优化我国金融扶贫方式的路径选择[J].淮北 师范大学学报(哲学社会科学版),2019(2):13—16

[103] 张露露.新时代农村基层党建与精准扶贫的互动及协同推进析论[J].理论 导刊,2019(6):75—79

[104] 申云、李庆海、杨晶.农业供应链金融信贷的减贫效应研究—基于不同主体 领办合作社的实证比较[J].经济评论,2019(4):94—107

[105] 蔡则祥、杨雯.普惠金融与金融扶贫关系的理论研究[J].经济问题,2019 (10):26—31

英文部分:

[1] Abdul Rashid, Maurizio, Intartaglia. Financial development-Does it lessen poverty?[J]. Journal of Economic Studies,2017(1):69-86

[2] Alkire S. and Foster J. Counting and Multidimensional Poverty Measurement [J]. Journal of Public Economics. 2011(95):476-487

[3] Akhter, S., Liu, Y., Daly, K. Cross Country Evidence on the Linkages between Financial Development and Poverty [J]. International Journal of Business and Management,2010(1):3-19

[4] Amartya Sen K. A Sociological Approach to the Measurement of Poverty:A Reply to Peter Townsend [J]. Oxford Economic Papers,1985(4):669-676

[5] Aslam M N. Role of Islamic Microfinance in poverty alleviation in Pakistan: An empirical Approach [J]. International Journal of Academic Research in Accounting Finance & Management Sciences,2014(4):143-152

[6] Atkinson A. Measuring Poverty and Differences in Family Composition

[J]. Economica, 1992(59): 1 - 16

[7] Beck, T. et al. Finance, Inequality and the Poor [J]. Journal of Economic Growth, 2007(1): 27 - 49

[8] Bossert W, Chakravarty S and D Ambrosio C. Poverty and Time [J]. The Journal of Economics Inequality, 2012(2): 145 - 162

[9] Burgess R, Pande R. Do Rural Banks Matter? Evidence from the Indian Social Banking Experiment [J]. The American Economic Review, 2005(3): 780 - 795

[10] Chen B. An Inverted-U Relationship between Inequality and Long-run Growth [J]. Economics Letters, 2003(2): 205 - 212

[11] Cerqueiro, G., Steven and Kasper. Collateralization, bank loan rates and monitoring [J]. The Journal of Finance, 2014(2): 12 - 57

[12] Dhrifi A. Financial Development and the "Growth-Inequality-Poverty" Triangle [J]. Journal of the Knowledge Economy, 2014(4): 1 - 14

[13] Dollar D, Kraay A. Growth is Good for the Poor [J]. Journal of Economic Growth, 2002(3): 195 - 225

[14] Donou Adonsou, F. Sylwester, K. Financial Development and Poverty Reduction in Developing Countries: New Evidence from Banks and Microfinance Institutions [J]. Review of Development Finance, 2016(1): 82 - 90

[15] Durham Y., Hirshleifer J., Smith V. L. Do the Rich Get Richer and the Poor Poorer? Experimental Tests of a Model of Power [J]. American Economic Review, 1998(4): 970 - 983

[16] Fisher, G. M. The Development of the Orshansky Poverty Thresholds and Their Subsequent History as the Official U. S. Poverty Measure [J]. Social Security Bulletin, 1992(3): 3 - 14

[17] Francois Bourguignon. The Measurement of Multidimensional Poverty [J]. Journal of Economic Inequality, 2013(1): 27 - 45

[18] Imai K S, Gaiha R, Thapa G., et al. Microfinance and poverty: A macro perspective [J]. World Development, 2012(8): 1675 - 1689

[19] Jalilian H, Kirkpatrick C. Does financial development contribute to poverty reduction [J]. Journal of Development Studies, 2005(4): 636 - 656

[20] Jiang M, Delacy T, Mkiramweni N P. Some evidence for tourism alleviating poverty [J]. Annals of Tourism Research, 2011(3): 1181 - 1184

[21] Jeanneneys G, Kpodar K. Financial development and poverty reduction: Can there be a benefit without a cost? [J]. Journal of Development Studies, 2011(1): 143 - 163

[22] Khan A D, Ahmad E. Financial development and poverty alleviation: Time series evidence from Pakistan [J]. World Applied Sciences Journal, 2012(11): 1576 - 1581

[23] Levine R, kunt A, beck T. Finance, inequality and the poor [J]. Journal of Economic Growth, 2007(1): 27 - 49

[24] Lin, Justin. Rural Reforms and Agricultural Growth in China [J]. American

Economic Review, 1992(82): 34 - 51

[25] Nikhil Chandra Shil. Microfinance for Poverty Alleviation: A Commercia-lized View [J]. International Journal of Economics and Finance, 2009(2): 191 - 200

[26] Odhiambo, N M. Financial deepening and poverty reduction in Zambia: An empirical investigation [J]. International Journal of Social Economics, 2010 (1): 41 - 53

[27] R. Rosenberg. Does Microcredit Really Help Poor People? [J]. Focus Note, 2010(59): 1 - 8

[28] S. G. Jeanneney, K. Kpodar. Financial Development and Poverty reduction: Can There Be a Benefit without a Cost? [J]. Development Studies, 2011(1): 143 - 163

[29] Simon N, Isabelle G. Financial inclusion and stability in MENA: evidence from poverty and inequality [J]. Finance Research Letters, 2017(24): 230 - 237

[30] Tsui K. Multidimensional poverty indices [J]. Social Choice and Welfare, 2002(1): 69 - 93

[31] T. W. Schultz. Capital Formation by education [J]. Journal of Political Economy, 1960(6): 571 - 583

[32] Youssouf Kiendrebeogo, Alexandrn Minea. Financial development and poverty: evidence from the CFA Franc Lone [J]. Applied Economics, 2016 (56): 5421 - 5436

图书在版编目(CIP)数据

新时期提升我国金融扶贫绩效水平的机制与路径研究:基于以人民为中心的发展思想/柳晓明著.—上海:上海三联书店,2020.9

ISBN 978－7－5426－7023－6

Ⅰ.①新…　Ⅱ.①柳…　Ⅲ.①金融－扶贫－研究－中国　Ⅳ.①F832.3

中国版本图书馆 CIP 数据核字(2020)第 063060 号

新时期提升我国金融扶贫绩效水平的机制与路径研究
——基于以人民为中心的发展思想

著　　者／柳晓明

责任编辑／殷亚平
装帧设计／一本好书
监　　制／姚　军
责任校对／张大伟　王凌霄

出版发行／上海三联书店
　　　　　(200030)中国上海市漕溪北路 331 号 A 座 6 楼
邮购电话／021－22895540
印　　刷／上海惠敦印务科技有限公司

版　　次／2020 年 9 月第 1 版
印　　次／2020 年 9 月第 1 次印刷
开　　本／640×960　1/16
字　　数／250 千字
印　　张／11.25
书　　号／ISBN 978－7－5426－7023－6/F・802
定　　价／58.00 元

敬启读者,如发现本书有印装质量问题,请与印刷厂联系 021－63779028